MIQUEL VIDAL

Guía de Inversión en Criptomonedas para Principiantes

Aprende a construir una estrategia simple para empezar a invertir en Bitcoin y otras criptomonedas

Derechos de Autor © 2020 Miquel Vidal

Todos los derechos reservados. Ninguna parte de esta publicación puede ser reproducida, almacenada o transmitida de ninguna forma o por ningún medio, ya sea electrónico, mecánico, fotocopiado, grabado, escaneado o de cualquier otra forma sin el permiso escrito del editor. Es ilegal copiar este libro, publicarlo en un sitio web o distribuirlo por cualquier otro medio sin permiso.

Miquel Vidal no se responsabiliza de la persistencia o exactitud de los URL de sitios web externos o de terceros a los que se hace referencia en esta publicación y no garantiza que el contenido de dichos sitios web sea, o siga siendo, exacto o apropiado.

Aunque el autor ha hecho todo lo posible para asegurarse de que la información de este libro era correcta en el momento de su publicación, esta publicación se vende con el entendimiento de que el autor no está comprometido en la prestación de asesoramiento jurídico, financiero o profesional de otro tipo. Las leyes varían de un país a otro, y si se requiere asistencia jurídica u otro tipo de asistencia experta, se deben solicitar los servicios de un profesional. El autor no asume, y por la presente, renuncia, a cualquier responsabilidad ante cualquier parte por cualquier pérdida, daño o interrupción que se produzca por el uso del contenido de este libro.

Primera Edición

Contenido

I Introducción

1 Introducción   3
2 Tipos de Trader   8

II Conceptos Básicos de las Criptomonedas

3 Criptomonedas desde Cero   15
4 Cómo Analizar Criptomonedas   23
5 Mercados de Intercambio   29

III   Construyendo Tu Estrategia de Trading

6	Emociones Reptiles	37
7	Gráficos	41
8	Resistencias, Soportes y Tendencias	51
9	Operaciones: Número, Tamaño y Riesgo	61
10	Medias Móviles	77
11	Osciladores	88
12	Otras Técnicas, Fibonacci y Figuras	96
13	Estrategia en Distintos Ciclos de Mercado	101
14	Notas Finales	120

Acerca del Autor   123

I

Introducción

Capítulo 1

Introducción

¿Quieres hacerte millonario en un día? Entonces este no es un libro para ti. No creo en ningún método que predique que te puedas hacer millonario en un día.

¿Quieres dejar tu trabajo de oficina e irte a vivir a un lugar tropical y paradisíaco el mes que viene? Entonces este tampoco es un libro para ti.

Este es un libro para gente que tiene su trabajo y quiere iniciarse en la inversión en criptomonedas — o 'trading' en criptomonedas — sin dedicar 8 horas al día, o para alguien que lo ha intentado ya y se ha dado cuenta de que es un mundo muy complejo y necesita una base para empezar. ¿Estoy diciendo que no se puede vivir de hacer trading? Ni mucho menos, solo estoy diciendo que antes de aprender a correr, hay que aprender a caminar.

Las estadísticas dicen que el 95% de la gente que hace trading acaba, antes o después, perdiendo dinero a la larga. ¡El 95%! Yo me incluyo en ese 95%, y hay muchas posibilidades de que si tú has intentado hacer trading algún día, también hayas caído en ese gran porcentaje de gente. Pero, ¿por qué la inmensa mayoría de la gente acaba perdiendo dinero? Muy sencillo: cuando se trata de dinero, la gente no piensa con su parte del cerebro racional, sino con su parte emocional. Esta parte emocional del cerebro está dominada por dos emociones muy fuertes en todos los animales; el **miedo** y la **avaricia**. Voy a intentar explicar este concepto desde un punto de vista biológico de forma muy rápida.

El cerebro humano se compone de capas que han ido evolucionando durante millones de años, desde los primeros reptiles hasta los mamíferos actuales. Cada capa se ocupa de realizar unas tareas. Por ejemplo, los mamíferos modernos tenemos una capa llamada **neocórtex** (la parte exterior del cerebro), que en los humanos está muy desarrollada. El neocórtex se ocupa de tomar decisiones de forma racional, hacer planes, y diseñar estrategias a corto y largo plazo.

Por debajo del neocórtex encontramos otra capa llamada el **sistema límbico.** Esta capa rige nuestro comportamiento más básico, las emociones, y las enlaza a eventos en nuestra vida.

Y finalmente, en la base de nuestro cerebro se encuentra el **cerebro reptiliano**, la capa más antigua de nuestro cerebro. Esta capa se encarga de las funciones más básicas. Aquí están grabados a fuego en nuestra genética, instintos que han permitido sobrevivir a nuestros antecesores durante todos estos millones de años . Y entre estos instintos están el **miedo** y la **avaricia**.

En una situación normal utilizamos nuestro neocórtex para pensar, y todos tenemos claro que deberíamos utilizar esta capa en el momento de decidir si comprar o vender un activo, ya sea una acción, una criptomoneda, o unos zapatos. Pero la realidad es completamente diferente. El cerebro reptiliano es muy básico, pero también es mucho más rápido que el neocórtex. Lo utilizamos para tomar decisiones muy rápidas, de vida o muerte. Decisiones completamente inconscientes. Por ejemplo, nuestro cerebro está diseñado para que, si ve algún peligro, como un tigre escondido detrás de unos arbustos en la selva, hacerte correr en dirección opuesta lo más rápido posible. Para ello, el cerebro reptiliano emite una serie de compuestos químicos que actúan inmediatamente en tu cuerpo haciendo que esté mucho mejor preparado para realizar acciones físicas, como correr y saltar a la máxima velocidad, o luchar con todas las fuerzas para sobrevivir. Uno de estos compuestos es la adrenalina, y tiene un efecto secundario: bloquea el neocórtex.

Pues bien, parece que el cerebro humano en la mayoría de los casos trata el dinero como un bien básico y necesario para la vida. Por lo tanto, muchas de las decisiones que involucran dinero no son tomadas enteramente por nuestro neocórtex, sino por nuestro cerebro más básico. Esto no solo ocurre a los inversores. Esto ocurre también cuando realizamos compras de cualquier producto. ¿Has oído hablar alguna vez de compras compulsivas? Estoy seguro que has hecho alguna compra compulsiva en tu vida, y probablemente muy recientemente. Los vendedores y las agencias de publicidad entienden perfectamente que para decidir qué comprar no utilizamos el neocórtex — la razón — sino que utilizamos nuestras emociones más básicas, y cuanto más extrema es la situación, menos utilizamos nuestro neocórtex y más nuestro cerebro reptiliano.

Pero resulta que el cerebro reptiliano, en el cual mandan las emociones más básicas de miedo y avaricia, es bastante malo para tomar decisiones de compra y venta. De hecho, hace que tomemos normalmente la decisión contraria a la óptima. El cerebro reptiliano, basado en miedo y avaricia, hace que en el momento en que deberíamos estar pensando en vender, es decir, en momentos de precios altos, tengamos la urgencia de comprar; esto es nuestra avaricia en plena acción. Y en momentos en los que deberíamos estar pensando en comprar, es decir, en momentos de crisis económicas, de caídas de los precios, donde encontramos precios bajos, nuestro cerebro reptiliano nos urge a vender, no a comprar; esto es el miedo en plena acción. Esto hace que muchas veces compremos caro, y que muchas veces vendamos barato, creando un ciclo del que es muy difícil salir. Esta es la simple razón por la que el 95% de la gente que lo intenta pierde dinero. El cerebro reptiliano bloquea al neocórtex.

Lo que intento en este libro es ayudarte a crear una estrategia simple de inversión en criptomonedas a largo plazo, y paso a paso, para que no utilices tu cerebro reptiliano para tomar decisiones de compra y venta de criptomonedas. Para ello, simplemente debemos definir una estrategia de inversión — o también llamada estrategia de trading — cuando estamos relajados, cuando nuestro neocórtex está al mando, y seguir esta estrategia a rajatabla con el fin de evitar tomar decisiones en el momento en que nuestro cerebro reptiliano se ha hecho con el poder. Esta estrategia debes crearla tú mismo para que esté adaptada a tu personalidad y a tu cartera. En este libro, te mostraré el método para que puedas crear tu estrategia básica y que puedas, con el tiempo, evolucionarla y adaptarla conforme vayas mejorando. Hay que aprender a andar antes que a correr.

En este libro voy a centrarme en la inversión en criptomonedas, pero el método de creación de una estrategia de trading sirve también para acciones y otros activos ya que los conceptos básicos son los mismos. Este libro está orientado a gente que tiene su trabajo, o a gente que simplemente no quiere dedicar el día entero a la compra y venta de criptomonedas, por lo tanto, no voy a explicar estrategias de day trading en profundidad, aunque si tu objetivo es ser un day trader, este libro te puede ayudar, ya que te dará las bases para conseguirlo en un futuro. Si aún no sabes qué tipo de trader quieres llegar a ser, sigue leyendo...

Capítulo 2

Tipos de Trader

Antes de ni siquiera pensar en crear una estrategia de trading, debes pensar en qué tipo de trading quieres hacer. Como todo en la vida, esto no es blanco o negro, sino que es más bien una escala de grises. Se pueden mezclar los distintos tipos de trading, pero vamos a explicar los básicos:

Day Trader. Los day traders realizan operaciones de compra y venta muy cortas en el tiempo, lo que llaman operaciones intradía. No dejan operaciones abiertas por la noche y siempre vigilan sus operaciones abiertas. Sus operaciones pueden durar, desde que hacen la compra hasta la venta, desde unos minutos hasta unas horas. Sus márgenes de beneficios por operación no son muy grandes, pero realizan muchas operaciones al año y de ahí viene la acumulación de beneficios. Los day traders se benefician de mercados con alta volatilidad ya que esto les permite aumentar el potencial margen de beneficios por operación en el corto período de tiempo del que disponen. Además, los day traders necesitan mercados con una liquidez considerable, es decir, que haya suficiente gente comprando y vendiendo en el mercado para poder entrar y salir rápidamente de sus operaciones. Las criptomonedas atraen a este tipo de traders por su alta volatilidad. Probablemente, éste es el tipo de trading que ha hecho que te interesaras inicialmente en la inversión en criptomonedas, o en la inversión en otro tipo de activo. La verdad es que es un tipo de trading que tiene mucha lógica; si nunca dejas operaciones abiertas, no puedes tener sorpresas, como caídas repentinas y bruscas del precio, y además, está lleno de youtubers y gente que dicen ser day traders y proclaman los beneficios del estilo de vida: "Deja tu trabajo de oficina, haz trading por una hora al día y vive en un sitio paradisíaco como yo". Normalmente, estas personas ofrecen algún tipo de training o clases, generalmente muy caras. La realidad es que muchos viven de estos ingresos, de la gente que paga por sus clases. Como he dicho en la introducción, no estoy diciendo que ese estilo de vida no sea posible. Es totalmente posible. De hecho, conozco a varios day traders personalmente que llevan ese estilo de vida, y esa es una de las razones por lo que no lo recomiendo a nadie que no tenga mucha experiencia en trading. Hacer day trading sin tener una buena estrategia y sin controlar tu cerebro reptiliano es la forma más rápida de perder tu dinero. Además, hacer day trading significa estar disponible, delante del ordenador, y completamente concentrado, durante los momentos de alta volatilidad del mercado. Pero tú no sabes cuando van a llegar esos momentos. Si estas trabajando, muy probablemente no vas a poder estar haciendo day trading al mismo tiempo. Para que quede claro desde el principio, este libro no va orientado a este tipo de trading y personalmente no recomiendo a nadie que se lance a hacer day trading directamente sin tener muchos años de experiencia en otro tipo de trading.

Swing Trader. Los swing traders, a diferencia de los day traders, sí que mantienen operaciones abiertas durante varios días o incluso semanas. Los swing traders intentan seguir tendencias del mercado a medio plazo e identificar cambios en estas tendencias para poner sus operaciones de compra y venta. Los swing traders se pueden basar en ciertos objetivos para sus operaciones, por ejemplo, ganancias del 15% para una posible perdida del 6%, o pueden basarse en indicadores técnicos. Hablaremos en mucha más profundidad de los que son los indicadores en la tercera parte de este libro. Este tipo de trading también es muy popular. Además, muchos day traders no son day traders el 100% del tiempo, sino que en ocasiones, y dependiendo del estado del mercado, pueden mantener operaciones a más largo plazo, entrando en el mundo de los swing traders.

Inversor a largo plazo. Estos inversores hacen operaciones a muy largo plazo, desde muchos meses hasta varios años. Intentan hacer compras en momentos de caída de mercados, cuando los precios están bajos, y ventas en momentos de auge del mercado. Si un día los precios caen un 15%, a los inversores no les afecta, ya que piensan que a largo plazo ese 15% es insignificante. Este tipo de trading es el que más se acerca a un ingreso pasivo, aunque yo no soy partidario de usar el término pasivo en inversión y mucho menos en trading, ya que incluso los inversores que operan a más largo plazo necesitan hacer algún trabajo para ocuparse de sus inversiones. Es verdad que los inversores no necesitan estar todos los días haciendo operaciones, ni siquiera vigilar todos los días sus inversiones, pero si quieren tener beneficios, sí que deben destinar un tiempo a vigilar sus inversiones y, sobre todo, a buscar oportunidades. Si te quieres ocupar de tu dinero, no existe una solución completamente pasiva, siempre vas a tener que dedicar parte de tu tiempo, ya sea que inviertas en criptomonedas, acciones —incluyendo dividendos —, inmuebles o empresas.

Como he comentado antes, estos diferentes tipos de traders no son excluyentes. Los day traders pueden, y hacen, operaciones de varios días. Los swing traders pueden hacer operaciones a muy largo plazo, o también operaciones intradía. Y los inversores pueden hacer operaciones a más corto plazo dependiendo del estado del mercado.

La verdad es que dedicarse a un tipo de trading o a otro va a depender muchísimo de tu personalidad, de tu tolerancia al estrés y de tu situación personal y objetivos en la vida. Yo no puedo decidir por ti, pero puedo darte las bases para que decidas. Cuantas más operaciones haces, más probabilidades hay de que te equivoques, por lo tanto, day trading es la forma más arriesgada, pero al mismo tiempo es la que potencialmente permite aprovechar mejor los pequeños movimientos de mercado. Los inversores, al aprovechar tendencias de mercado a largo plazo, son los que tienen menos riesgo, pero también tienen un beneficio potencial menor, ya que no aprovechan los movimientos del mercado a menor escala. Los swing traders están en el medio; aceptan menos riesgo que los day traders, pero más que los inversores. Mi recomendación es empezar con operaciones más largas, aprendiendo a leer los movimientos del mercado a más alto nivel, y si estás interesado en swing trading y day trading, poco a poco, ir haciendo operaciones más cortas y más frecuentes. Este libro va dirigido a personas que están empezando o que tienen poca experiencia, y a personas que no quieren dedicar todo el día a operar en los mercados, por este motivo aquí vamos a diseñar juntos una estrategia adaptada para este tipo de personas. Esto significa que debe ser una estrategia de riesgo bajo o medio, y que no requiera realizar muchas operaciones. Esta estrategia estaría dirigida a alguien a medio camino entre inversor y swing trader. En el mercado de las criptomonedas, que es un mercado donde los precios pueden variar mucho en muy poco tiempo, el objetivo será hacer unas pocas operaciones por mes. De esta forma podrás introducirte en el mundo del trading, aprender las técnicas, y sobre todo, empezar a dominar tu cerebro reptiliano, sin asumir un riesgo demasiado alto. Con el tiempo, si quieres, podrás pasar a otro tipo de trading. Recuerda: no podemos correr sin antes aprender a caminar.

II

Conceptos Básicos de las Criptomonedas

Esta parte del libro va a representar una toma de contacto con el mundo de las criptomonedas. Veremos qué son, cómo analizarlas y te enseñaré un par de herramientas muy útiles que podrás utilizar en tu día a día. Al terminar esta parte habrás construido la base de tu estrategia de trading en criptomonedas.

Capítulo 3

Criptomonedas desde Cero

Este libro va orientado a la inversión en criptomonedas, pero en él encontrarás muchos conceptos que pueden ser aplicados a cualquier tipo de trading. En esta parte del libro voy a hacer una introducción básica a las criptomonedas; qué son, en qué tecnología se basan, y por qué opino que van a ser tan importantes en el futuro. Si no estas muy interesado en cómo funcionan las criptomonedas, o tienes suficiente experiencia y conocimiento sobre qué son las criptomonedas, puedes pasar directamente a la tercera parte del libro. Eso sí, te recomendaría que leyeras por lo menos el capítulo 4, donde explico cómo analizar, de forma muy rápida, los proyectos detrás de una criptomoneda, y cómo identificar criptomonedas que tienen una base sólida. Ese será el primer paso para construir tu estrategia de trading en criptomonedas.

Historia y Tecnología

Puedes encontrar infinidad de información tanto escrita como en videos y documentales sobre la historia de las criptomonedas en Internet, blogs, televisión, Netflix, Youtube... Además, este libro no va dirigido específicamente a programadores informáticos, así que no me voy a extender mucho en esta parte, ya que puede ser muy técnica.

La historia de las criptomonedas empezó con el nacimiento de Bitcoin en 2009. Bitcoin fue creado durante el 2008 supuestamente por un grupo de personas con el nombre de Satoshi Nakamoto. Hay muchísima especulación sobre si Satoshi Nakamoto realmente existe, quién es y qué se hizo de él (o ellos), pero este no es un tema a tratar en este libro. Bitcoin es un programa informático diseñado para ejecutarse en distintos ordenadores al mismo tiempo, lo que se llama procesamiento distribuido. El código de Bitcoin fue liberado como código abierto en 2009, es decir, que todo el mundo lo puede ver y usar.

Recuerda que en 2007-2008 hubo una crisis financiera global que desencadenó en el colapso de algunas grandes instituciones financieras. Cuando estas instituciones empezaron a caer, los gobiernos del mundo, para evitar un efecto dominó, empezaron a rescatar a estas instituciones que estaban en peligro. Los bancos centrales tienen la capacidad de 'imprimir dinero', y la usaron. Los bancos en general, alrededor del mundo, fueron culpados, y con razón, de causar esta crisis del 2008. En aquel momento, un grupo de países en la Unión Europea, hacia relativamente poco tiempo que utilizaban una moneda común, el euro. Estos países habían perdido la habilidad de devaluar sus monedas independientemente, y algunos de ellos, como España, Italia o Grecia, se vieron en serias dificultades debido a debilidades económicas. En Europa, esto desencadenó en una nueva crisis a partir del 2009 que a día de hoy, en 2020, aún notamos los efectos económicos. Pero esto es otra historia...

El problema que se generó a partir de esta crisis causada por los bancos, es que la gente empezó a desconfiar de estas instituciones que se habían enriquecido increíblemente hasta acabar afectando a toda la economía. Pero los bancos, junto con los bancos centrales, seguían teniendo el control de la moneda, y por lo tanto, para realizar cualquier transacción económica utilizando dinero, la gente tenia que utilizar (confiar en) los bancos. Y más importante aún, para realizar cualquier transacción económica digital, es decir, sin utilizar dinero físico como billetes o monedas, necesitábamos utilizar un intermediario. Para realizar una compra con tarjeta, a través de Internet, o a través de transferencia, necesitábamos tres actores: El comprador, el vendedor, y esta tercera entidad, que es una entidad financiera, un banco. Esta tercera entidad es importante por que hace que el comprador y el vendedor no tengan que confiar el uno en el otro, sino que los dos confían en este intermediario ya que es una entidad con una reputación y con un gobierno detrás que garantiza la validez del dinero y de las transacciones. Pero durante esta crisis el público en general se dio cuenta que los bancos realmente solo mantienen una pequeñísima fracción del dinero que la gente deposita en ellos y la mayor parte de este dinero se utiliza para dar préstamos e hipotecas. Esto en sí no es malo. El problema viene cuando los bancos, concentrados ciegamente en tener más y más beneficios cada año, no establecen un control suficiente y seguridad de que ese dinero prestado pueda ser devuelto. Esto justamente fue lo que desencadenó la crisis del 2008. Además, dado que solo mantienen una fracción muy pequeña del dinero, si un importante porcentaje de personas decidiera sacar el dinero de los bancos al mismo tiempo, porque no creen que su dinero esté a salvo en el banco, los bancos no tienen suficiente liquidez para hacerlo. Esto quedó muy claro durante la crisis del 2008 y generó un estado de desconfianza en estas entidades financieras.

Además, estos intermediarios tienen unos costes asociados que acabamos pagando todos. Mantener las redes, empleados, sistemas de seguridad, y pagos cuando se han realizado operaciones fraudulentas. Para que te hagas una idea, Visa, la empresa que gestiona los pagos con tarjetas, tuvo unos ingresos en 2019 de 12000 millones de dólares americanos.

En Febrero de 2009 'Satoshi Nakamoto' escribió lo siguiente en un foro: "El problema base con la moneda convencional es toda la confianza que se requiere para que funcione. Se debe confiar en el banco central para no degradar la moneda, pero la historia de las monedas fiduciarias está llena de violaciones de esa confianza. Se debe confiar en los bancos para almacenar nuestro dinero y transferirlo electrónicamente, pero lo prestan en oleadas de burbujas de crédito con apenas una fracción de reserva".

Bitcoin se creó en ese momento de desconfianza de las entidades financieras, con el objetivo de crear un sistema en el que no se necesitara este intermediario. Un sistema completamente innovador en el que comprador y vendedor no necesiten confiar el uno en el otro, ni tampoco en una entidad intermediaria. Un sistema en el que comprador y vendedor puedan confiar en la transacción económica por el simple hecho de utilizar este sistema. No solo eso, sino que no existe ninguna autoridad central que pueda crear más bitcoins en un momento dado debido a presiones políticas. La creación de nuevos bitcoins está completamente definida en el sistema por una serie de reglas que no pueden cambiarse. Cada 10 minutos, más o menos, se crean nuevos bitcoins, y va a seguir así hasta que se hayan creado 21 millones de bitcoins. En ese momento ya no se creará ningún bitcoin más en el sistema. Es decir, solo puede haber 21 millones de bitcoins. Además, Bitcoin permite que tú mismo puedas almacenar tus bitcoins sin necesidad de recurrir a ningún banco y aún así poder realizar transferencias digitales. Es decir, Bitcoin es una moneda digital que no requiere un banco; es dinero en efectivo digital. Bitcoin elimina la necesidad de los bancos y también de los bancos centrales que están adheridos a gobiernos. Bitcoin no tiene fronteras.

Bitcoin fue la primera criptomoneda de la historia y fue la que introdujo la tecnología que permite realizar estas transferencia digitales sin una entidad intermediaria en la que haya que confiar. Esta tecnología se llama Blockchain. Blockchain significa cadena de bloques en Inglés. Probablemente has oído esta palabra antes. No voy a entrar a describir cómo funciona esta tecnología en detalle ya que hay infinidad de material para que puedas entenderlo. Si estás interesado te recomiendo que empieces a informarte en Youtube ya que gráficamente es más sencillo de entender el funcionamiento de la Blockchain. No es un sistema simple, es un sistema distribuido, en el que una red de ordenadores alrededor del mundo verifican las transacciones realizadas, se ponen de acuerdo y almacenan los datos de todas las transacciones realizadas para que no puedan ser alteradas. Nadie puede cambiar estas transacciones verificadas por que tendría que cambiarlas en todos estos ordenadores (miles de ellos) al mismo tiempo. Cuando se realiza una transacción, se tiene que pagar una pequeña cuota para el mantenimiento de estos ordenadores.

Poco después de que el código de Bitcoin fuera publicado y empezara a funcionar, empezaron a aparecer otras criptomonedas basadas en el mismo concepto de Blockchain ideado inicialmente para Bitcoin. Las nuevas criptomonedas utilizaban formas diferentes de validar las transacciones dentro de sus redes. Podían utilizar reglas diferentes de creación de monedas, con límites de creación distintos a 21 millones, pero siempre basadas en el mismo concepto de Blockchain. Ahora mismo, en 2020, existen miles y miles de criptomonedas. Algunas de ellas son proyectos serios, pero muchas de ellas son proyectos sin una base fuerte, y que probablemente desaparecerán con el tiempo. El sitio por excelencia para explorar el mundo de las criptomonedas es ahora mismo, y desde hace bastantes años, coinmarketcap.com. Un sitio muy similar es coingecko.com. Puedes utilizar cualquiera de estas dos páginas web y estoy seguro que existen y existirán otras muy similares. Lo más importante es que sean independientes y su información se base en información de mercado. En este libro vamos a hablar de Coinmarketcap, pero es posible que cuando leas este libro Coinmarketcap haya sido adquirido por alguna entidad que comprometa su independencia. En ese caso, por favor busca una página similar independiente, que no favorezca a ninguna empresa en particular. Este sitio web ofrece una cantidad enorme de información de infinidad de criptomonedas: información técnica, información económica, ofrece gráficas muy útiles, información de los distintos mercados donde poder intercambiar una criptomoneda, y además, ofrece también información histórica. Vamos a utilizar este tipo de páginas bastantes veces en los próximos capítulos. Esta será la primera herramienta en tu cajón de herramientas, y es una verdadera navaja suiza de las criptomonedas.

Las criptomonedas han nacido en el mundo digital y han sido diseñadas para que no exista la necesidad de un banco o una entidad que guarde este dinero digital. Para guardar las criptomonedas existen las 'wallets'. Realmente las criptomonedas no se guardan en ningún sitio. Son solo información compartida en la misma red de ordenadores que se utiliza para realizar y validar transacciones. La red almacena información de cuántas monedas hay en cada dirección. Una dirección sería el equivalente a una cuenta bancaria. Puedes tener varias direcciones en la red de Bitcoin, por ejemplo, y en cada dirección guardar un número determinado de bitcoins. Para poder mover los bitcoins de una dirección a otra, lo que es equivalente a realizar un pago, vamos a necesitar una clave, es decir, una contraseña. El problema es que estas direcciones y contraseñas no son fáciles de recordar y puedes llegar a tener infinidad de direcciones para las multiples criptomonedas, por lo tanto, se han creado herramientas para facilitar el guardado de estas direcciones y claves. Estas herramientas se llaman 'wallets' o carteras y existen tanto por software como por hardware. Las wallets por software son aplicaciones que se instalan en tu teléfono móvil o en tu ordenador. Son convenientes y muchas de ellas son gratuitas, pero si tu teléfono móvil o tu ordenador se conectan a Internet tienes que saber que existe la posibilidad, aunque sea mínima, de que sean pirateados, y esto ha ocurrido en el pasado. Las wallets por hardware son los dispositivos más seguros que existen ahora mismo para almacenar criptomonedas, porque estos dispositivos no están conectados a Internet. En el momento de escribir este libro hay dos empresas a nivel mundial disputándose el liderazgo en el sector de las hardware wallets: Ledger y Trezos. Estas dos compañías ofrecen dispositivos seguros y fáciles de utilizar donde puedes guardar infinidad de criptomonedas.

Tienes que entender que muchas de estas criptomonedas pueden tener una vida bastante corta. Puede haber criptomonedas que simplemente copian a otras sin aportar ningún valor añadido o puede haber incluso proyectos que realmente no tienen nada detrás, sencillamente son una estafa para robar el dinero de gente poco precavida. Este es un mercado que no está regulado y, por ello, puedes encontrar este tipo de proyectos. No intento asustarte, pero esta es la realidad ahora mismo. Si vas a invertir en una criptomoneda, es importante que tenga detrás un equipo serio y que tenga proyección a futuro, ya que si no, esa criptomoneda no tendrá ningún valor. Voy a explicarte cómo puedes evaluar estos proyectos de forma sencilla utilizando solo dos herramientas: Coinmarketcap y tu sentido común. Este será también el primer paso para crear tu estrategia de trading en criptomonedas: la definición de la cartera de criptomonedas.

Capítulo 4

Cómo Analizar Criptomonedas

Si aún no le has echado un vistazo a la página web coinmarketcap.com, hazlo ahora mismo, por favor. Vas a ver que hay miles y miles de criptomonedas. Antes de seguir, me gustaría aclarar que no tengo ningún beneficio en que uses esta página web (o ninguna de las que menciono en el libro). Sencillamente creo que es una página web imprescindible ahora mismo y que utilizo tanto yo como muchísimos otros inversores para conseguir información muy variada sobre distintas criptomonedas.

Tienes que entender que, en el 2020, el mundo de las criptomonedas es un mundo muy joven, basado en una tecnología que aún esta en constante evolución. Todos los meses aparecen criptomonedas nuevas y también desaparecen otras. Por lo tanto, es muy importante decidir bien en qué criptomonedas invertir para no perder tu dinero y tu tiempo. Coinmarketcap tiene una herramienta que te va a permitir ver con tus propios ojos cómo de rápido evoluciona el panorama de las criptomonedas. En la sección de herramientas puedes encontrar un link a 'Imágenes Antiguas', o en Inglés 'Historical Snapshots'. Aquí puedes ver un historial de cuál era el ranking de criptomonedas en cualquier semana desde el año 2013. Navega un poco a través de los meses y años y verás como aparecen y desaparecen criptomonedas y como van cambiando sus precios, y tú mismo te darás cuenta de la importancia de elegir bien en qué criptomoneda invertir.

Seguramente te estás preguntando cómo puedes saber si una criptomoneda y el proyecto que hay detrás son buenos para invertir. Puede que creas que no tienes el conocimiento de informática o de economía suficiente para evaluar este tipo de proyectos, pero te equivocas. La herramienta que más vas a necesitar es tu sentido común. Para invertir no necesitas entender perfectamente cómo funciona la tecnología de una criptomoneda. Esto requeriría una base muy técnica, y aunque tengas los conocimientos técnicos suficientes, entender como funciona cada una de estas monedas requeriría muchísimo tiempo. Recuerda que lo que intentamos es usar solo una pequeña parte de nuestro tiempo a invertir en criptomonedas. Para invertir necesitas entender qué ofrece una criptomoneda. Para ello, averigua qué pretenden solucionar. Si pretenden solucionar un problema importante que merece ser solucionado y la criptomoneda utiliza esta nueva tecnología para solucionarlo de una forma óptima, entonces estás delante de una criptomoneda en la que puedes invertir ya que probablemente sea una criptomoneda que no desaparecerá muy fácilmente. Desde Coinmarketcap puedes acceder a las páginas web de los proyectos que hay detrás de una criptomoneda. De la página web puedes sacar mucha información. Utiliza tu sentido común para descartar proyectos de dudoso valor. Activa tu pensamiento crítico. Una pagina web con fallos, con poca información o con un plan de trabajo sin sentido o inexistente significa que no es de fiar. Vas a encontrar muchos así. Descártalos inmediatamente y no pierdas más tiempo en ellos. Una criptomoneda que ha sobrevivido varios años (recuerda la herramienta del historial de Coinmarketcap) puede significar que el proyecto tiene sentido. Por norma general, si la criptomoneda se encuentra en los primeros 100 puestos del ranking de Coinmarketcap es que tiene un proyecto más o menos sólido y un equipo detrás que lo soporta. Entonces, ¿deberíamos invertir por ejemplo en las 100 primeras criptomonedas del ranking de Coinmarketcap? No. Mi recomendación es que no tengas una cartera de criptomonedas muy extensa, sobre todo si estas iniciándote en este mundo, porque es importante conocer las monedas en las que inviertes y es importante que hagas un seguimiento periódico de éstas. Por lo tanto, debes hacer una selección que no sea muy grande. Esto te permitirá revisar el estado de las monedas en las que estas interesado en poco tiempo para tomar decisiones de compra y venta. Además, cada criptomoneda tiene sus reglas, su economía y sus tiempos de desarrollo para nuevas funcionalidades. Es mejor que empieces centrándote en unas pocas criptomonedas, entendiéndolas bien. Si quieres, después, cuando ya tengas una base, puedes ir aumentando tu conocimiento de un mayor número de monedas.

Empieza a evaluar criptomonedas ya. Encuentra criptomonedas que te parezcan interesantes y en las que creas que tiene sentido invertir. Crea una lista; pon tus notas de porqué crees que es un proyecto con futuro, qué solución ofrecen y cómo. Esta será una lista viva, por lo tanto, te recomiendo que utilices algún programa informático de hoja de cálculo como Excel o Google Sheets para que te sea más fácil ir manteniendo y actualizando la información. También puedes usar algún programa de procesamiento de texto si lo prefieres, como Word o Google Docs.

Pongamos el ejemplo de Bitcoin: Bitcoin fue la primera criptomoneda creada, con la que se introdujo esta nueva tecnología llamada Blockchain, y lleva varios años más que las otras monedas del mercado. Ha tenido varias evoluciones y es la moneda que se utiliza para comprar otras criptomonedas en muchos mercados. Bitcoin en sí es una revolución de la industria de las transacciones económicas. Por estas razones, debería estar en tu lista. Otro ejemplo es Ethereum: Ethereum nació años después que Bitcoin, pero Ethereum no nació para ser un método de pago únicamente. Ethereum es una plataforma. Esto significa que Ethereum esta diseñada para que se pueden crear aplicaciones en la red de Ethereum. Estas aplicaciones se denominan contratos inteligentes. No voy a explicar en detalle aquí qué es un contrato inteligente, pero sí que te recomiendo que intentes investigar por tu cuenta y veas el potencial y la utilidad que tienen. Es una utilidad por encima de Bitcoin, y por lo tanto, Ethereum también debería estar en tu lista. Otro ejemplo es Zcash, que fue diseñado como un método de pago muy similar a Bitcoin, pero que proporciona mayor privacidad para sus usuarios. Hay otras criptomonedas similares que ofrecen mayor privacidad que Bitcoin y deberías evaluarlas y ver cuál ofrece una mejor solución para incluirla en tu lista. Dash es otro proyecto de criptomoneda que mejora ciertos aspectos de Bitcoin, como transacciones más rápidas y más baratas, con el añadido que está siendo utilizada diariamente por multitud de negocios alrededor del mundo... Como ves, te estoy dando algunos ejemplos de cómo hacer el primer análisis de una criptomoneda y del proyecto que hay detrás de ella, pero es una tarea que debes hacer tú para familiarizarte con los proyectos en los que potencialmente vas a invertir tu dinero.

No tengas en tu lista nunca más de 20 criptomonedas. Si

empiezas con una lista más reducida sería incluso mejor. Te recomiendo que empieces por 10 criptomonedas como mucho, o incluso menos, y con el tiempo podrás ir añadiendo más a tu lista, poco a poco, pero nunca dejes que esta lista se haga demasiado grande. Recuerda que si tienes muchas criptomonedas en tu lista vas a necesitar demasiado tiempo para revisar y analizar periódicamente cada una de ellas. De vez en cuando podrás explorar otras criptomonedas y añadirlas a tu lista, y también, muy posiblemente, tendrás que eliminar alguna moneda de tu lista. Esta lista es la base de tu estrategia de trading.

También debes entender que las monedas más establecidas, con más tiempo y en las que hay más gente que invierte, suelen tener menos riesgo que las monedas más nuevas o con menos inversores, ya que suelen ser menos volátiles. Es decir que su precio oscila menos en el tiempo. Si hay algo que caracteriza al mercado de las criptomonedas, y lo diferencia de los otros mercados, es que la volatilidad en general en este mercado es muy alta, incluso para los proyectos más asentados. Aún así, es interesante que empieces a pensar en la diversificación de tu cartera. Te recomiendo que inicialmente, y para reducir el riesgo, destines una mayor parte de la inversión en criptomonedas de menor riesgo o más establecidas y que solo inviertas un pequeño porcentaje del total en criptomonedas con más riesgo. Con el tiempo te será fácil entender cuáles tienen más riesgo y cuáles menos riesgo, pero de momento una forma sencilla de clasificar las criptomonedas por riesgo es sencillamente usar el ranking de Coinmarketcap. En las primeras posiciones encontrarás las criptomonedas más establecidas y en las que hay más inversión, por lo tanto estas monedas son las de menor riesgo. Conforme vas avanzando en el ranking, vas a encontrar proyectos en los que puede ser más arriesgado invertir. Debido a esto, es conveniente que en tu lista de criptomonedas a invertir tengas monedas de las primeras posiciones del ranking, por ejemplo de la primera a la décima, que tengas monedas de riesgo medio, digamos de la posición número 10 hasta la número 25, y que tengas algunas pocas monedas de mayor riesgo, digamos a partir de la posición número 25 hasta la posición número 100. De momento, no te recomiendo que inviertas en ningún proyecto más allá de la posición número 100, ya que lo que intentamos es tener una estrategia con riesgo controlado para ir aprendiendo e ir entrenando tu capacidad de suprimir al cerebro reptiliano, sin asumir un riesgo demasiado alto durante este proceso.

Antes de seguir, crea tu lista. Es un proceso muy interesante en el que vas a aprender muchísimo, y además, utilizaremos esta lista para elaborar la estrategia de trading en los próximos capítulos.

Capítulo 5

Mercados de Intercambio

Los mercados de intercambio, o "exchanges" en Inglés, es donde puedes intercambiar una criptomoneda por otra. En estos mercados también podrás cambiar alguna divisa tradicional por una criptomoneda. Las divisas tradicionales o monedas fiduciarias, también llamadas simplemente 'fiat' para abreviar, son las monedas emitidas por un gobierno o banco central. El dólar americano, el euro, o el yen japonés son ejemplos de 'fiats'. En este capítulo vamos a intentar definir en qué mercados de intercambio vas a operar, es decir, en qué mercados vas a realizar tus operaciones de compra y venta de criptomonedas. Ahora mismo existen infinidad de mercados de intercambio. Podemos clasificar estos mercados básicamente en dos tipos: centralizados y descentralizados. La gran diferencia entre los dos es que en los mercados centralizados una empresa guarda tus monedas en su sistema. En los mercados descentralizados eres tú quien guarda tus monedas en tu propia wallet. Los mercados de intercambio centralizados son los mercados más tradicionales, y su tecnología proviene de mercados de intercambio de monedas fiat o de mercados de compra y venta de acciones. Los mercados descentralizados, en cambio, son un concepto bastante nuevo, y que ahora mismo, en el 2020, sigue estando en desarrollo. En los mercados descentralizados no hay un punto central donde se guarden las monedas, sino que cada usuario guarda sus propias monedas.

Es importante entender que en el pasado han habido muchos incidentes, algunos de ellos bastante desagradables, con los mercados de intercambio de criptomonedas centralizados. Muchos han sido pirateados y mucha gente ha perdido todas o parte de las criptomonedas que tenia en estos mercados. Otros han sido muy mal administrados, con propietarios corruptos que han robado a la gente que ha confiado en ellos. La verdad es que el mundo de las criptomonedas es un mundo muy poco regulado, en el que las empresas que hay detrás de estos mercados de intercambio no siempre siguen las mejores prácticas o los comportamientos más éticos. Una referencia es MTGox. MTGox fue uno de los primeros mercados de intercambio de criptomonedas, creado en 2010. En 2013-2014 era el mayor mercado de criptomonedas del mundo. En Febrero del 2014, cerró su website, sin aviso previo, y poco después se declaró en bancarrota. 850000 bitcoins habían desaparecido, en aquel momento valorados en 450 millones de dólares americanos, y la empresa no dio demasiadas explicaciones. Puedes informarte por ti mismo simplemente buscando en Internet por MTGox. A día de hoy, la mayoría de usuarios no han recuperado sus monedas. Esto es solo un ejemplo, y te puedo asegurar que ha habido muchísimos más. Los mercados descentralizados son más difíciles de piratear, pero tampoco es imposible. En todo caso, mantener tus monedas en un mercado de intercambio tiene un riesgo. Lo más seguro a día de hoy es mantenerlas en tu propia wallet personal, siendo las hardware wallets las más seguras.

CÓMO ELEGIR UN MERCADO DE INTERCAMBIO

En el momento de elegir un mercado de intercambio, lo harás por varias razones:

Primera, si vas a comprar directamente de fiat a criptomoneda, el mercado que elijas debe aceptar tu divisa. Es decir debe tener alguna cuenta bancaria donde puedas enviar tu fiat (dólares, euros..) para poder, una vez cargada en el sistema, comprar bitcoin, ethereum o la criptomoneda de tu elección. Además, el mercado debe permitir enviar a tu cuenta bancaria tus monedas fiat en el caso de beneficios, o que simplemente necesites el dinero. Pero también debes saber que ahora mismo, la mayoría de mercados de intercambio requieren que envies cierta información de identificación personal, en un proceso que se llama KYC (Know Your Customer en Inglés o "conoce a tu cliente"). Dependiendo de donde esta ubicado el mercado de intercambio, se tendrá que acoger a unas regulaciones u otras. Algunos mercados solo pueden permitir usuarios que residen en ciertas regiones. Por esta razón, debes elegir un mercado que te permita crear una cuenta dependiendo de tu residencia fiscal.

Segunda, debe ser un mercado en el que puedas confiar. Hace un momento te he explicado que no existe ningún mercado de intercambio 100% seguro, pero hay mercados que mantienen mejor su seguridad que otros, por lo tanto, es mejor utilizar mercados que tengan una cierta reputación de que son seguros, que no han tenido incidentes importantes ni han participado en estafas en el pasado, o al menos, en el pasado reciente. Deben de ofrecerte las mejores herramientas de seguridad para proteger tu cuenta, por ejemplo, que ofrezcan 2FA o "Two

Factor Authentication" es imprescindible hoy en día. 2FA hará que antes de acceder al mercado o realizar ciertas operaciones, como extraer dinero de tu cuenta, el sistema verifique una segunda vez que eres tú quien esta realizando la operación, ya sea enviándote un código a tu email o a tu teléfono, o utilizando alguna aplicación. Esto hace que sea mucho más difícil piratear tu cuenta. A día de hoy muchos mercados utilizan una aplicación de Google que es muy conveniente, llamada Google Authenticator. A parte de la seguridad en tu cuenta, hay otro factor que afecta a la seguridad de un mercado de intercambio de forma crítica: que guarden una parte importante de las criptomonedas 'en frío'. Guardar monedas en frío, o en 'cold storage', significa que guardan una parte de las monedas de sus clientes en hardware wallets que no están conectadas a Internet. Esta es la forma más segura de almacenamiento de criptomonedas. Por lo tanto, asegúrate que los mercados que eliges utilizan 2FA y cold storage.

Tercera, debes buscar un mercado de intercambio que tenga un volumen suficiente de operaciones, especialmente en las criptomonedas en las que quieres operar, y que has identificado ya en el capítulo anterior. Esto es importante porque te va a permitir realizar operaciones de compra o venta en el momento que tú quieres hacerlo. Imagina que quieres vender tu bitcoin, pero en el mercado en el que estás no hay nadie dispuesto a comprarlo; podría ser un desastre. Puedes ver el volumen de cada mercado para cada criptomoneda en coinmarketcap.com o coingecko.com, haciendo click en la criptomoneda y yendo al apartado de 'Mercado' o 'Intercambio'. Estas páginas web te van a permitir ver una lista de los mercados existentes, con resúmenes y con links a sus páginas web, y ordenar los mercados por volumen, para cada una de las criptomonedas que has elegido. Por lo tanto, estas páginas web son el punto de inicio de tu investigación.

Cuarta, debes comparar las tasas. Los mercados de intercambio centralizados no trabajan gratis. Normalmente tienen unas pequeñas tasas por operación, ya sea de compra o de venta. Muchos también cargan una pequeña tasa al mover monedas fuera de sus cuentas. Las tasas varían bastante de unos mercados de intercambio a otros. Puedes ver las tasas y tarifas en Coinmarketcap, Coingecko y sitios similares. Estas tasas son muy importantes para los day traders, ya que éstos hacen muchísimas operaciones al año. Pero la estrategia que estamos creando aquí no va a requerir que hagas tantas operaciones anualmente, debido a lo cual, las tasas no son tan importantes para ti, mientras no sean exageradas. Compara las tasas para ver qué es lo que están cargando los mercados más importantes.

Quinta, facilidad de uso. Cada mercado tiene su interfaz gráfica, e incluso ofrecen capacidades de gráficos de precio y de análisis técnico para realizar operaciones. Algunos son más intuitivos que otros. En algunos te vas a sentir más cómodo que en otros, pero la base es la misma. Además, para hacer el análisis técnico de gráficos de precios vamos a utilizar herramientas independientes del mercado de intercambio que hayas elegido, por lo tanto, este no es un punto demasiado importante.

Ten en cuenta que puedes abrir cuentas y realizar operaciones en varios mercados al mismo tiempo. Nada te impide operar en varios mercados, siempre que mantengas un control de cuál es el estado global de tu cuenta, es decir, de toda tu cartera de inversión, independientemente de si operas en uno o en tres mercados. Mi recomendación es que, de momento, elijas tres mercados como máximo que cumplan con tus necesidades siguiendo los puntos de arriba en orden. En el momento de escribir este libro, un ejemplo de tres mercados con suficiente volumen y variedad de criptomonedas podrían ser Binance, Bitfinex y Kraken, pero es importantísimo que investigues por tu cuenta, ya que los mercados pueden sufrir ataques o ir a la bancarrota en cualquier momento, así que debes hacerte tu propia lista. Esto también te ayudará a aprender cómo buscar la información necesaria y te será de utilidad en el futuro, ya que siempre van a estar apareciendo nuevos mercados y desapareciendo otros. Cuando tengas tu lista de tres mercados, crea una cuenta en cada uno de ellos y configura la máxima seguridad posible en las cuentas. Recuerda que 2FA es una necesidad. La seguridad es lo más importante a la hora de crear tu cuenta en un mercado de intercambio de criptomonedas. Es importante también que entiendas que debido a las regulaciones, la creación de cuentas puede tardar un tiempo, ya que muchas veces necesitarán verificar ciertos datos, especialmente si quieres enviar o recibir 'fiat' desde un mercado de intercambio. Esta verificación puede tardar varios días dependiendo del mercado. Por lo tanto, creo que es importante tener varias cuentas abiertas para que, en caso de necesidad, puedas mover inmediatamente monedas a otro mercado. Aunque hayas elegido tres mercados, y tengas cuentas abiertas en los tres, mi recomendación es que empieces a operar y a familiarizarte solo con uno. Conforme vayas adquiriendo más experiencia podrás, fácilmente, moverte de un mercado a otro para aprovechar diferentes situaciones.

III

Construyendo Tu Estrategia de Trading

En la segunda parte del libro has construido los cimientos de tu estrategia. En esta tercera parte vamos a ir explorando diversos aspectos de la estrategia de trading como gestión de cartera, cuándo comprar, cuándo vender, indicadores que te pueden ayudar en estas decisiones, tamaño de posiciones, estrategias de control de riesgo, y sobre todo, cómo controlar tu cerebro reptiliano para que no te impida seguir tu estrategia.

Capítulo 6

Emociones Reptiles

Este es probablemente el capítulo más importante del libro. Sé que quieres empezar rápidamente a saber cómo analizar gráficos y a saber qué herramientas utilizar, pero hazme caso: lee este capítulo. Puede que ya sepas o sospeches lo que te voy a decir. Pero insisto. Léelo. Dos veces. Cinco. Las que sea necesario.

Aprender a leer los gráficos diarios, entender los diferentes indicadores, aprender a controlar el riesgo de las operaciones... todo esto va a ser lo más sencillo de aprender a hacer trading. Lo más complicado, con diferencia, va a ser controlar tus emociones; controlar tu miedo y tu avaricia reptil en los momentos clave. Puedes tener la mejor estrategia del mundo, puedes conocer todos los indicadores, todos los osciladores y todas las figuras e identificarlas correctamente en los gráficos, pero si llegado el momento, tu cerebro reptiliano toma el control, es decir, te pueden el miedo o la avaricia, te puedo asegurar que no vas a seguir tu propia estrategia y que tomarás decisiones que no están basadas en la razón, con consecuencias desastrosas a largo plazo.

La estrategia que vamos a diseñar conjuntamente es una estrategia pensada para reducir el estrés en estos momentos clave. Diseñar una estrategia complicada no tiene ningún sentido si no la puedes seguir, por tanto siempre intentaremos que sea sencilla. Para eliminar al máximo la influencia de las emociones, tu estrategia va a basarse únicamente en análisis técnico. Vamos a analizar gráficos de precios usando diferentes herramientas gratuitas, muy simples y al alcance de cualquiera, y vamos a tomar decisiones basándonos SOLO en esto. Hoy en día, estamos bombardeados continuamente con información. Con noticias de todo el mundo en páginas web, Youtube, o en foros de inversion y chats. Es muy importante que te apartes de todo eso. Toda esa información solo va a afectar a tus emociones haciendo más fuerte a tu cerebro reptiliano y más débil a tu neocórtex. Es tu dinero. Debes decidir por ti mismo, usando una estrategia adaptada a tu situación y a tu personalidad.

Métete esto en la cabeza: nadie puede adivinar el futuro. Nadie. Los traders que ganan dinero no adivinan los precios. Sencillamente tienen una estrategia que juega con las probabilidades poniéndolas a su favor, y de esta manera ganan dinero a largo plazo. Pero todos los traders hacen operaciones en las que pierden dinero. Es inevitable. Pongamos que sigues al mejor trader del mundo en Youtube o Twitter. Te dirá sus opiniones y sus ideas, basadas en su conocimiento y experiencia, en su personalidad y en su forma de operar. Estas ideas muy probablemente no te sirvan. Pero la realidad es mucho peor. Internet esta lleno de particulares y empresas publicando sus ideas en cualquier plataforma, y la inmensa mayoría de ellos lo hacen con la idea de sacar un beneficio de estas publicaciones. Es decir, cuanta más gente lea el artículo o la noticia, cuanta más gente vea el video, más dinero sacan ellos. Por lo tanto, la grandísima mayoría de este contenido está dirigido a que hagas click, y la forma más fácil de que hagas click es a través de tus emociones. Por eso mismo, los títulos de estos artículos y vídeos siempre van dirigidos a despertar un sentimiento de miedo o avaricia cuando los lees. Fíjate la próxima vez que leas alguno de estos artículos y te darás cuenta de los trucos que utilizan para que hagas click. Además, muchas de estas empresas y particulares se dedican a vender clases, cursos o avisos de trading. Lo que quiero decir es que el objetivo de estas noticias, videos y artículos no es que aprendas o que ganes dinero, sino que hagas click para que ellos puedan ganar dinero.

Mucha gente quiere hacerse trader para hacerse rico. La verdad es que la mayoría acaban perdiendo dinero. Y de los pocos traders que ganan dinero, muy pocos se hacen ricos. La mayoría de los traders que ganan dinero no tienen millones y millones en el banco. Pueden vivir más o menos bien, pueden tener su independencia, etc... pero no son millonarios. Por supuesto que hay excepciones, pero si esa es tu idea, quítatela ahora mismo de la cabeza. En este libro vamos a crear una estrategia para minimizar tus emociones en un momento en que estas empezando a invertir. Tener esa idea en la cabeza solo va a hacer aumentar tu avaricia. Por ejemplo, una parte importante de esta estrategia para minimizar tus emociones será hacer operaciones pequeñas. Te adelanto ahora mismo que tu cerebro reptiliano, la avaricia, te va a empujar a que hagas operaciones más grandes. En ese momento notarás la fuerza que tiene tu cerebro reptiliano sobre tu neocórtex. ¡Resiste! No caigas. Si haces operaciones demasiado grandes, tu cerebro reptiliano seguirá dominando durante toda la operación, haciéndote vender demasiado pronto o demasiado tarde, y lo peor de todo es que habrás perdido una oportunidad de aprender y de mejorar tu control sobre el cerebro reptiliano. Con el paso del tiempo podrás hacer operaciones más grandes, pero de momento es clave empezar con operaciones pequeñas.

En los próximos capítulos hablaremos de análisis técnico, es decir, de análisis de gráficos de precios. Conforme vayas aprendiendo el funcionamiento y uso de nuevas herramientas vas a ir construyendo una estrategia de trading adaptada a ti mismo.

Capítulo 7

Gráficos

Ya hemos visto que para evitar caer en las redes del cerebro reptiliano y de esta forma, evitar hacer operaciones basadas en nuestras emociones, vamos a basar nuestra estrategia enteramente en análisis técnico. No vamos a estar siempre pendientes del incesante flujo de noticias en el mundo de la economía y de las criptomonedas. Eso solo aumentaría la fuerza de tu cerebro reptiliano y de tus emociones, y por lo tanto, sería muy peligroso.

El análisis técnico nos permite, mediante una serie de herramientas, consolidar una cantidad enorme de información de precios y de operaciones pasadas, para tomar decisiones. Quiero que tengas una cosa muy clara. El análisis técnico no es una bola de cristal, no adivina el futuro. El análisis técnico se basa en ver cómo se ha comportado el mercado en el pasado en una situación similar a la actual. Hay más probabilidades de que si el mercado se ha comportado muchas veces de una forma concreta en el pasado, lo vuelva a hacer en el futuro. Pero siempre hablamos de probabilidades. Voy a poner un ejemplo sencillo para que entiendas cómo funciona y por qué lo utilizamos. Supón que nos encontramos en una situación del mercado cualquiera, por ejemplo, el precio del bitcoin bajó mil dólares rápidamente y se ha mantenido estable durante unos días. Ahora quieres saber lo que pasará en los próximos días o semanas. Quieres saber si el precio del bitcoin va a subir otra vez o va a seguir bajando después de esta caída. Teniendo muchos años de historial de precios y operaciones realizadas de un mercado en particular a nuestro alcance, podemos buscar situaciones similares en el pasado. Probablemente encontremos varias situaciones similares a lo largo de los años; digamos que encontramos 100 situaciones similares en el historial de precios. Analizando estas 100 situaciones similares vemos que en 76 de ellas, el precio, después de unos días, volvió a subir a niveles similares de donde estaba antes de caer. En las otras 24 ocasiones, el preció del bitcoin siguió bajando. Así pues, vemos que cuando hemos estado en una situación similar en el pasado, en la mayoría de los casos el precio ha vuelto a subir. ¿Quiere decir esto que el precio va a subir? No. No podemos saber el futuro. Incluso si analizamos los gráficos y vemos que de las 100 veces que pasó algo similar el preció volvió a subir en todas las ocasiones, eso no significa que vaya a subir en esta ocasión. Nunca podemos estar seguros. El análisis técnico no es una ciencia exacta. Nos puede orientar para tomar decisiones basadas en el pasado pero siempre tenemos que tener en cuenta que hay un factor de riesgo, y tenemos que poner estructuras en nuestra estrategia para controlar ese riesgo. Es simplemente un juego de probabilidades.

El objetivo de nuestra estrategia es ganar dinero. No necesitamos adivinar lo que va a pasar con los precios para ganar dinero. Una estrategia tiene que estar basada en riesgos y probabilidades, no en creencias.

Software de Gráficos de Precios

Para visualizar los gráficos de precios necesitamos un software. Asumo que tienes un ordenador. Aunque puedes hacer operaciones con el móvil, el análisis de gráficos requiere una pantalla suficientemente grande. No hace falta que sea nada muy potente ya que todas las herramientas que vamos a utilizar son web, así que, solo vas a necesitar un navegador web.

En el 2020, el líder de software de gráficas de precios online es TradingView a través de su página web tradingview.com. Con acceso a los mayores mercados, no solo de criptomonedas, sino también de acciones, futuros, índices, mercados de divisas... es un software muy completo con todos los indicadores que vas a necesitar. Además, no hay que instalar nada, es completamente online. La versión gratis te va a permitir realizar un análisis bastante extensivo. Ofrecen una versión de pago que te permite añadir más indicadores y es aún más completa. Por ejemplo, con la versión de pago puedes poner múltiples alertas, lo cual es bastante útil. TradingView puede integrarse con algún mercado de intercambio para operar en criptomonedas, pero a día de hoy hay muy pocas opciones. Pero esto no es un problema. Para el tipo de estrategia que estamos diseñado aquí, en la que no vamos a realizar muchas operaciones al mes, puedes hacer el análisis en TradingView y en el momento de realizar las operaciones, realizarlas directamente en la página del mercado de intercambio que hayas elegido. Existen otras páginas de análisis de gráficos. Si buscas algo completamente gratuito, gocharting.com es una alternativa a TradingView. Es un proyecto nuevo y está en desarrollo, así que no tiene las mismas funcionalidades que TradingView de momento.

Existe software especializado que puede conectarse a tus

cuentas en los mercados de intercambio para centralizar las operaciones. Esto puede ser útil cuando operamos en multiples mercados simultáneamente. También son útiles por que te ayudan a mantener un historial de las operaciones realizadas. Uno de los más utilizados hoy en día es Coinigy, pero existen varios similares. Todo el software que conecta con tus cuentas de mercados de intercambio suele ser de pago. No conozco ninguno gratuito en el que puedas confiar. Piensa que debes permitir a este software acceder a tus cuentas en los mercados de intercambio para operar. En mi opinión, y para el tipo de estrategia que estamos diseñando, no es necesario utilizar este tipo de software como Coinigy, aunque por supuesto, tiene sus ventajas y es algo que puedes considerar en el futuro.

Debes llevar un historial de operaciones. Aunque realices pocas operaciones, piensa que pueden pasar semanas e incluso meses desde que realizas una compra hasta que realices la venta, por lo tanto, no puedes confiar en tu memoria. Vas a necesitar este historial, con tus notas, para ir analizando el estado de tus operaciones abiertas de forma periódica. Además, esto te va a ayudar a tener una disciplina. Como he dicho antes, existe software que te realiza un historial automático, conectándose a tus cuentas. También puedes mantener este historial en TradingView o Gocharting o en aplicaciones similares, normalmente bajo la opción de 'Paper Trading'. Mi recomendación es que para empezar utilices una simple hoja de cálculo, por ejemplo Microsoft Excel o Google Sheets, donde podrás poner tus notas, agregar imágenes y capturas de pantalla con tus análisis de gráficos e ir actualizando conforme avance la operación. Esto va a requerir un poco más de trabajo por tu parte, pero también va a hacer que incluyas un elemento de disciplina al realizar tus operaciones.

Asumo que ya has visto gráficos de precios anteriormente. Durante el resto de este capítulo vamos a hablar de lo más básico. Si ya tienes experiencia en gráficos de precios, puedes ir directamente al próximo capítulo donde empezaremos a hablar de análisis.

Los gráficos de precios nos permiten ver cómo evolucionan los precios respecto al tiempo. En el análisis de criptomonedas vamos a estar analizando pares de monedas en un mercado de intercambio concreto. Las monedas, igual que las acciones, tienen un código abreviado en el mercado de intercambio. Por ejemplo bitcoin es normalmente BTC, ethereum es normalmente ETH, euro es normalmente EUR y dólar americano es USD. Si queremos ver el precio del bitcoin en dólares americanos, buscaremos el gráfico de precios del par bitcoin/dólares americanos o BTC/USD. Si ponemos en el buscador de nuestro software de análisis de gráficos de precios BTCUSD, nos aparecerá una lista de posibles gráficos, ya que hay varios mercados de intercambio que te permiten operar este par. El software te permitirá buscar por mercado. Si buscas en TradingView, Gocharting o similar, te aparecerá una lista similar a esta:

Código | Descripción | Mercado

BTCUSD | Bitcoin / US Dollar | Bitstamp

BTCUSD | BTC/USD | Coinbase

...

También podemos intercambiar una criptomoneda por otra. Por ejemplo, imagina que tenemos cierta cantidad de bitcoin. Supón que ahora queremos utilizar nuestro bitcoin para comprar ethereum. Lo que queremos es comprar ethereum con bitcoin, por lo tanto, para ver el gráfico de precios de este par buscaremos ETHBTC y nos aparecerá una lista similar a la anterior, pero con los mercados que ofrecen este par.

Abre algún gráfico, no importa qué par, y vamos a explicar las herramientas básicas. Primero vas a ver que el gráfico tiene una periodicidad, arriba a la izquierda, puedes ver D (Día), W (Semana), M (Mes), y después unas cuantas opciones de horas, como 4h, 2h, 1h y así hasta 1 minuto. La periodicidad indica la frecuencia con la que se va dibujando el gráfico. Las periodicidades más grandes, como D, W, M te permiten ver más información de historial en pantalla. Las más pequeñas, como la de horas y minutos, te permiten ver el detalle de un período de tiempo mucho más corto. Dependiendo de tu estrategia y de tu tipo de trading, vas a utilizar más unas periodicidades que otras. Por ejemplo, un day trader utilizara mucho más las periodicidades de minutos, y un inversor a largo plazo utilizará las periodicidades de día, semana y mes, sin necesidad de prestar atención nunca a las periodicidades de horas o minutos.

Justo al lado de la periodicidad vas a ver el tipo de líneas del gráfico. Muy probablemente esté por defecto seleccionada la opción de 'Candles'— Velas en Inglés. Se llama así porque, si te fijas, verás que el gráfico se compone de unos elementos que se parecen a unas velas. Estas son las más usadas y las que recomiendo para empezar y para el tipo de estrategia que vamos a diseñar aquí en este libro, por esa razón, no voy a explicar el funcionamiento de todas las otras, como las barras, áreas, kagi... Si más adelante quieres adentrarte en otras formas de operar como day trading, es posible que te interese investigar otro tipo de velas, como las velas Heikin Ashi. En la siguiente imagen puedes ver una descripción de lo que significa cada parte de las velas. Las velas van a depender de la periodicidad elegida. Para el ejemplo vamos a suponer que hemos elegido una periodicidad de 1 día. El color de la vela será verde si el precio de cierre del día es mayor al de apertura, es decir, si ha subido el precio durante el día. La vela será roja si el precio ha bajado durante el día, es decir, si el precio de apertura es mayor al de cierre. La diferencia entre precio de apertura y cierre va a definir el cuerpo de la vela. Pero el precio puede variar durante el día, muchas veces por encima y por debajo del precio de apertura y cierre. Esta variación de precio forma las sombras superiores e inferiores.

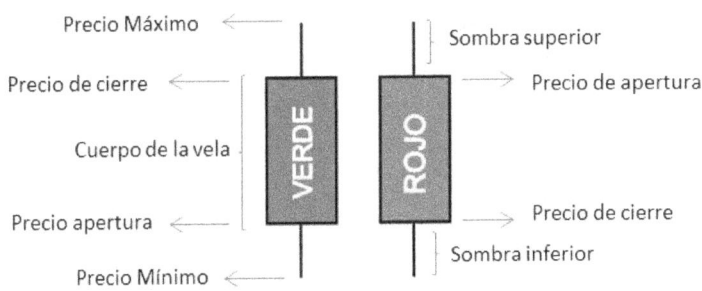

Estructura de las velas de precios

Esta estructura nos ofrece una cantidad importante de información de forma muy concentrada, por eso se ha utilizado tradicionalmente en gráficos de precios. Para realizar nuestro análisis inicial también podemos utilizar gráficos de líneas. Los gráficos de líneas proporcionan menos información que los gráficos de velas, pero es suficiente para realizar un análisis inicial como veremos en el próximo capítulo. Los gráficos de líneas sencillamente marcan el precio en un momento dado, normalmente el precio del cierre. En el gráfico de la imagen podemos ver un gráfico de línea del par BTCUSD. La periodicidad es diaria, por eso, la línea que vemos está construida por el precio del bitcoin en dólares americanos al cierre del día de cada día desde el año 2016 hasta principios del 2020.

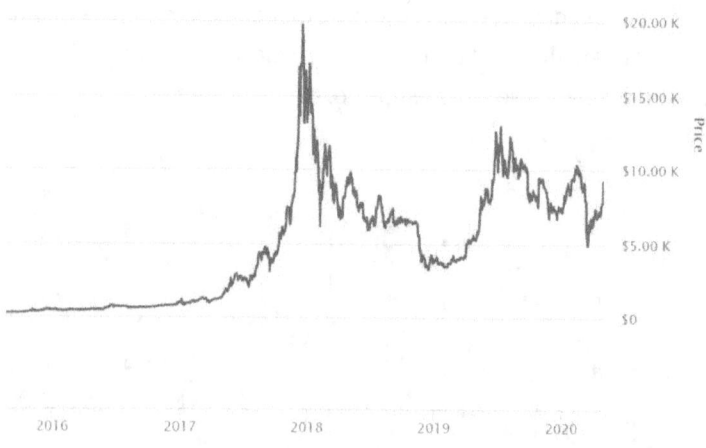

Gráfico de líneas de precios de bitcoin en dólares americanos extraído de Coinmarketcap

Ahora debes elegir en qué pares quieres invertir. Puedes utilizar Coinmarketcap o Coingecko para ver una lista de los distintos pares y en qué mercados de intercambio se ofrecen. Dependiendo de la criptomoneda, tendrás un par con alguna moneda fiat o con alguna criptomoneda de valor pegado a fiat como USDT, EURT, USDCoin, Binance USD... o puede que solo existan pares con bitcoin o con ethereum. En este segundo caso, significa que necesitaras primero adquirir bitcoin o ethereum para acceder a este mercado. Debido a que tu lista de proyectos ha sido diseñada para tener una mayoría de proyectos establecidos, no deberías tener problemas en encontrar pares con monedas fiat de la gran mayoría de los proyectos de tu lista. Para empezar, es más sencillo operar con pares con fiat, ya que si operas con valores relacionados a bitcoin o ethereum deberás estar vigilando los movimientos de estas criptomonedas ya que pueden tener momentos de alta variabilidad del precio.

Independientemente de la periodicidad seleccionada, los gráficos nos permiten hacer zoom para centrarnos en una parte determinada del tiempo. Si no lo has hecho ya, juega un poco con los gráficos de precios en distintas periodicidades para las criptomonedas que has seleccionado en el capítulo 4. Utiliza el software de gráficos que hayas elegido, como por ejemplo TradingView, pero también debes aprender a utilizar los gráficos de Coinmarketcap, Coingecko y páginas similares para realizar el análisis inicial. En este momento no es necesario que entiendas todo, sencillamente que juegues un poco con las opciones y las distintas herramientas que ofrecen las distintas páginas, para familiarizarte antes de empezar con el análisis técnico en los próximos capítulos. Empieza por la periodicidad de 1 día y mira donde está el precio actualmente. Mira si el precio ha estado bajando o subiendo en el último mes. Muévete a periodicidad semanal e intenta localizar el máximo precio histórico. Apúntalo en tu lista. Intenta ahora localizar el precio mínimo. Busca pares de monedas relacionados con la moneda fiat que vas a utilizar, por ejemplo BTCEUR o BTCUSD. Busca ahora pares de criptomonedas relacionadas entre la lista que has realizado en el capítulo 4, por ejemplo XMRBTC o ETHBTC. Observa las velas, los cuerpos y las sombras. Fíjate hasta dónde han llegado las sombras, y la diferencia entre el cuerpo. Esto te servirá para empezar a manejarte bien con los gráficos de precios y navegar fácilmente de un par a otro. En los próximos capítulos vamos a empezar a realizar análisis técnico, así que es necesario que puedas moverte fácilmente entre pares de precios y entiendas las periodicidades y la estructura de las velas antes de seguir.

Capítulo 8

Resistencias, Soportes y Tendencias

Si tuvieras que elegir solo una herramienta para hacer trading, esta sería la elegida sin ningún tipo de duda. Cuanto más perfecciones tu habilidad para encontrar resistencias y soportes en los gráficos de precios, mayor probabilidades tendrás de hacer operaciones exitosas. En la estrategia que vamos a diseñar utilizaremos este conocimiento combinado con indicadores para decidir puntos de entrada y salida de las operaciones, por esa razón, tenemos que abordarlo en el primer capítulo de análisis técnico. Además, es importantísimo que practiques para poder encontrar niveles de resistencia y soporte en un gráfico con solo echarle un ojo. Debes poder encontrar estos niveles usando gráficos de líneas o gráficos de velas. Vamos a dar unas normas básicas para encontrar estos niveles, pero primero, vamos a definirlos.

Como ya has podido observar en los gráficos de precios, el precio nunca sube constantemente o baja constantemente, sino que alterna subidas y bajadas dibujando algo similar a unas olas. Sube durante un tiempo hasta que llega a un precio, y luego empieza a bajar hasta que encuentra otro precio, y luego vuelve a subir y así continuamente. Esto es debido a las fuerzas de compra y venta en cada momento, es decir a la ley de la oferta y la demanda. Si en un momento dado hay muchas personas que quieren comprar bitcoin y muy pocas quieren venderlo, el precio del bitcoin va a subir. Si por cualquier motivo hay muchas personas que quieren vender su bitcoin y hay pocas personas que quieren comprarlo, entonces el precio bajará. Esta es la base de toda acción de precios; el motivo por el cual los precios suben o bajan.

Una resistencia es un nivel en el precio donde vemos que se resiste a subir, e incluso al llegar a ese precio, da un giro y empieza a bajar. Siguiendo con la analogía de las olas, la resistencia sería la cresta de la ola. Un soporte es lo opuesto a una resistencia. Un nivel de precios donde el precio, cuando está bajando, frena su caída e incluso vuelve a subir. Sería el punto más bajo de la ola. Estos niveles no son niveles exactos de precios. Actúan más bien como un muelle y forman zonas. Si el precio está subiendo, vemos que al acercarse a un nivel de resistencia cada vez hay más fuerza de venta; conforme vamos apretando un muelle, cada vez hace más fuerza en sentido contrario, hasta que llega un momento en el que el precio para de subir y baja. Lo mismo ocurre con los soportes, así que podemos imaginarnos las resistencias y soportes como muelles invisibles que afectan al precio al subir y al bajar.

Las resistencias y soportes se pueden romper. Si la acción del precio tiene suficiente fuerza al subir puede romper, muchas veces fácilmente, una resistencia. Recuerda que el análisis técnico no es una ciencia exacta. Siempre estamos hablando de probabilidades. Por tanto, cuando identificamos un soporte o resistencia no quiere decir que estemos seguros al 100% de que el soporte o resistencia va a frenar la acción del precio, sino que hay una probabilidad más alta que la acción del precio cambie en esos niveles.

Entonces, ¿cómo podemos identificar estos niveles? La única información que tenemos para identificar niveles de resistencia y soporte, es el historial de precios. Por lo tanto, para encontrarlos hemos de observar el gráfico de precios y encontrar zonas donde el precio ha encontrado estos muelles invisibles en el pasado. Podemos encontrar soportes y resistencias mirando cualquier periodicidad. Para buscar niveles de resistencia en el pasado, vamos a buscar situaciones en las que el precio iba subiendo, y encontró un muelle, un tope. Puede que el precio se quedara en ese nivel un tiempo, o que volviera a bajar, pero no pasó. Podemos identificar niveles de resistencia porque vemos que el precio llega al nivel de resistencia y no puede sobrepasarlo en varias ocasiones, unas veces más separadas en el tiempo que otras. A veces sobrepasa el nivel de resistencia pero vuelve rápidamente, imitando esa acción de muelle. Para identificar los soportes buscaremos exactamente la misma acción de precios, pero en sentido contrario, es decir, cuando los precios están bajando. El soporte o resistencia será más fuerte cuantas más veces podamos ver que ha conseguido parar el movimiento del precio. También podemos medir la fuerza de un soporte o resistencia por tiempo. Por ejemplo, si vemos que el precio del BTCUSD ha estado durante tres meses intentando pasar los 6500 dólares en el pasado, pero ha estado ocho meses intentando sobrepasar los 1000 dólares, entonces deducimos que la resistencia de los 1000 dólares es más fuerte que la de los 6500.

Fácil, ¿verdad? Pero aún hay más. Una característica muy importante de los soportes y resistencias es que cuando la acción de precio consigue romper una resistencia, esta se convierte inmediatamente en soporte, y viceversa. En el ejemplo anterior, si el BTCUSD ha estado ocho meses intentando sobrepasar la resistencia de los 1000 dólares, una vez la acción del precio rompa la resistencia, esta se convertirá en soporte. Y podemos observar una y otra vez como esto ocurre en los gráficos. Muchas veces cuando se rompe una resistencia fuerte, vemos como el precio después de una subida, vuelve a bajar a los mismos niveles de la resistencia, en este caso ya convertida en soporte, para después seguir subiendo. En la imagen podemos ver el gráfico de precios de ETHUSD extraído de Coinmarketcap, donde podemos ver más de cuatro años de información de precios. Por favor, ve a Coinmarketcap, Coingecko o alguna página similar, abre este gráfico e intenta encontrar los mayores niveles de soporte y resistencia.

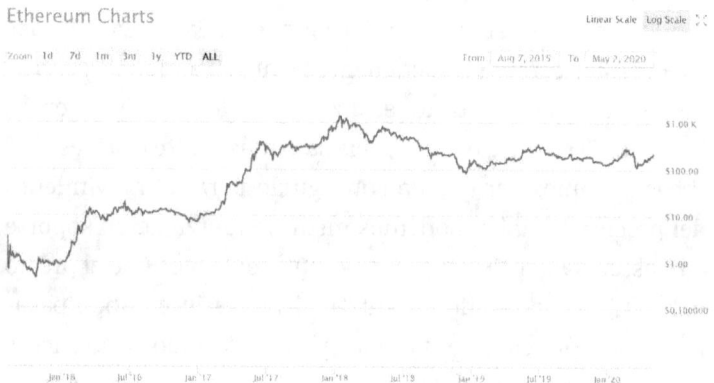

Gráfico de precios del par ETHUSD en Coinmarketcap

Con un análisis a simple vista vemos que el precio de ethereum, después de unos meses en la resistencia de 1 dólar, pasó rápidamente al nivel de 10 dólares. El nivel de 10 dólares siguió siendo importante como soporte durante un año. Una vez consolidado ese soporte, el precio de ethereum subió y parece que encontró brevemente resistencia al rededor de los 50 dólares. Los 100 dólares fueron una resistencia muy breve al rededor de Mayo-Junio del 2017, pero vemos que a principios de 2019 volvió a visitar el nivel de los 100, que esta vez se había convertido en soporte. Este análisis que hemos hecho rápidamente es a muy alto nivel. Podemos hacer análisis similares observando un período más corto de tiempo, de esta manera seremos más precisos encontrando niveles de soporte y resistencia, pero recuerda que los niveles de soporte y resistencia no son un precio exacto, sino más bien unas zonas de precios.

Realiza el mismo ejercicio de arriba pero con pares de la lista de criptomonedas que creaste en el capítulo 4 y si quieres con algunas más. Ya has encontrado niveles máximos y mínimos, ahora es el momento de encontrar niveles de soporte y resistencia. Seguramente a estas alturas ya te has dado cuenta que muchas veces los niveles de soporte y resistencia coinciden con números redondos, como 10, 100, 200, 1000, 2000... especialmente en los pares más populares de cada criptomoneda como BTCUSD, ETHUSD, etc. Esto es debido sencillamente a la psicología humana. Nuestra mente tiende a redondear los números para simplificar y muchas veces cuando se ponen órdenes de compra y venta se tiende a seleccionar números redondos.

Si lo piensas, puedes aprovechar el conocimiento de soportes y resistencias a tu favor para hacer operaciones con una mayor probabilidad de beneficio. Por ejemplo, imagínate que estas observando uno de tus pares seleccionados en el capítulo 4. Ves que el precio lleva un tiempo importante intentando romper una resistencia determinada. Finalmente la rompe, sube un poco y vuelve a caer hasta los niveles de resistencia identificados anteriormente. Pero tú sabes que ahora ese nivel de resistencia se ha convertido en un soporte. Puedes deducir que si ese soporte se confirma, es decir, que aguanta la presión de la bajada de precios, en un futuro el precio volverá a subir ya que ahora no hay una resistencia. Esto es solo un ejemplo muy simple. También puedes identificar resistencias futuras para identificar posibles puntos donde poner una operación de venta.

Otro concepto clave son las **tendencias**. Como hemos visto antes, los precios no suben en línea recta, sino que más bien van formando olas. Suben, forman la cresta de la ola y vuelven a bajar un poco, luego vuelven a subir y marcan un precio más alto que la anterior cresta, luego vuelven a bajar. Cuando las crestas de las olas cada vez son más altas, y sobre todo las partes bajas de las olas también son más altas, esto significa que estamos en una tendencia ascendente. Una tendencia ascendente generará precios más altos cada vez. En cambio, si las partes bajas de las olas son cada vez más bajas, pero sobre todo las crestas de las olas son también cada vez más bajas, esto significa que estamos en una tendencia descendente, por lo tanto, veremos precios cada vez más bajos. Para confirmar una tendencia descendente nos fijaremos en los precios altos de las formaciones, es decir, en las crestas de las olas. En cambio, para confirmar una tendencia ascendente, nos fijaremos en los precios bajos, es decir, en las partes bajas de las olas.

BTCUSD en tendencia descendente – gráfico de línea

En la imagen del gráfico del par BTCUSD extraída de Coinmarketcap podemos observar el último año de precios en un gráfico de línea. Vemos como las crestas de las olas, marcadas con líneas horizontales, son cada vez más bajas. Claramente el mercado para BTCUSD está en una tendencia descendente. Pero podemos ver algo raro. He elegido este gráfico porque en él podemos ver la diferencia entre gráficos de líneas y gráficos de velas muy claramente, y podemos ver cómo los gráficos de velas contienen más información. En el gráfico de líneas de arriba podemos ver cómo a mitad de Febrero del 2020 se forma aparentemente una cresta de la ola que es más alta que la anterior. Pero cuando analizamos el mismo gráfico de precios, pero esta vez utilizando un gráfico de velas diario, vemos un dibujo un poco diferente. Por favor, abre el gráfico del par BTCUSD en TradingView y asegúrate que estas viendo un gráfico de tipo velas diarias. Haz zoom hasta que veas el período entre Junio de 2019 y Abril del 2020. En este gráfico puedes ver que entre Febrero y Marzo del 2020 el precio llegó exactamente al mismo punto que a finales de Octubre del 2019. Lo que pasa es que a finales de Octubre del

2019 el precio subió hasta los 10500 USD y volvió a bajar dentro de un mismo día. Esto lo podemos ver en el gráfico de velas, por que la vela nos indica tanto el precio máximo del día como el mínimo, pero esta información se pierde en un gráfico de líneas, ya que el precio marcado en la línea no tiene por qué ser el máximo del día, sino que es normalmente el precio de cierre del día. Este es el motivo por el cual recomiendo utilizar gráficos de velas para realizar análisis de precios más detallados.

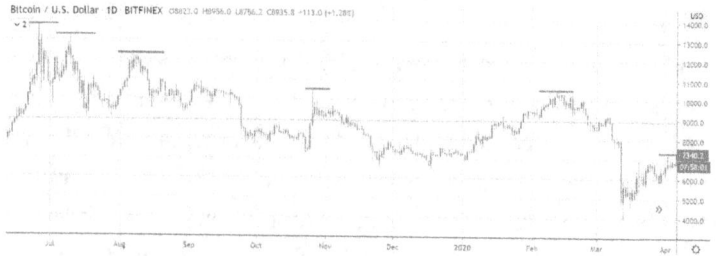

BTCUSD en tendencia descendente – Velas

Podemos encontrar tendencias en cualquier periodicidad. Tendencias que duran minutos o pocas horas, tendencias que duran unos días, tendencias que duran unas semanas, meses e incluso multiples años. El trabajo de trader es simplemente aprovechar esas tendencias, y la duración de la tendencia que elijas va a determinar el tipo de trader que eres. Los day traders eligen tendencias de corto plazo, minutos u horas. Los inversores a largo plazo eligen tendencias mucho más largas, de muchos meses o incluso años. En nuestra estrategia vamos a elegir tendencias intermedias, de varias semanas o incluso unos pocos meses. Debido a esto, vamos a trabajar básicamente con gráficos de periodicidad entre un día y una semana que nos permitirán ver este tipo de tendencias más claramente. De esta manera podemos aprovechar los movimientos grandes de precio sin llegar a ser inversores a largo plazo.

Decimos que una tendencia descendente se ha roto, o ha cambiado, cuando se crea un alto (cresta de la ola) más alto que el anterior alto. En el gráfico anterior del par BTCUSD, la tendencia descendente no se rompió ya que la cresta de la ola de mediados de Febrero del 2020 llegó exactamente al mismo punto que el anterior alto de finales de Octubre del 2019, pero no lo sobrepasó, y podemos ver cómo después de eso siguió bajando más. Para romper una tendencia ascendente, la situación es la inversa. El precio deberá crear un bajo más bajo que el anterior.

Como tarea a realizar, antes de seguir con el siguiente capítulo, deberías haber analizado todos los gráficos de tus pares elegidos para operar en el capítulo 4. Utiliza gráficos de día usando velas para analizarlos. Ya tienes máximos y mínimos, ahora encuentra los mayores soportes y resistencias de cada uno. Fíjate si el precio esta ahora mismo en algún soporte importante o tiene alguno cerca. Identifica también si se encuentran en una tendencia ascendente o descendente. Muévete al gráfico de semana y vuelve a analizar las tendencias en esta periodicidad. El gráfico de semana te dará una perspectiva más amplia. Anota todo esto en tu hoja de cálculo o fichero de procesamiento de texto para cada uno de los pares elegidos. En el próximo capítulo vamos a hablar, por fin, de cómo empezar a operar, es decir cómo comprar y vender criptomonedas, pero para ello debes tener claro cómo identificar soportes y resistencias, así que es importante que hayas hecho, como mínimo, el ejercicio que acabo de proponerte para coger la suficiente práctica. Si después de realizar el ejercicio aún tienes problemas encontrando soportes y resistencias o identificando tendencias, debes practicar más. Vives en la era de la información. Tienes acceso a infinidad de gráficos de precios, guías y tutoriales en Youtube y otras plataformas, todo completamente gratuito. Utiliza estas herramientas y practica cuanto sea necesario. ¡Nos vemos en el próximo capítulo!

Capítulo 9

Operaciones: Número, Tamaño y Riesgo

Cuando hablamos de operaciones nos referimos a operaciones de compra y venta. En este punto del libro, ya deberías tener una lista de criptomonedas o pares con los que has decidido operar, junto con información de análisis técnico y fundamental básica para cada una, todo anotado en una hoja de cálculo, archivo de procesamiento de texto o cualquier herramienta similar. Tenemos los motivos por los que nos parecen interesantes las criptomonedas elegidos y por qué vemos que tienen futuro (capítulo 4), tenemos anotados datos de precios máximos y mínimos históricos (capítulo 7), y hemos identificado soportes y resistencias importantes y tendencias del mercado (capítulo 8). Además también tenemos una lista corta de mercados de intercambio donde vamos a operar (capítulo 5) y has creado cuentas en estos mercados. ¡Bien hecho! Ahora mismo, como puedes ver, tenemos muchísimo trabajo adelantado. Si aún no has realizado alguna de estas tareas, para de leer ahora mismo, vuelve atrás y hazlas. Las vamos a necesitar a partir de este capítulo.

En este capítulo vamos a dar un paso muy importante en el diseño de nuestra estrategia de trading. Vamos a diseñar cómo van a ser nuestras operaciones: qué tamaño van a tener, es decir, cuánto dinero vamos a utilizar en la compra de una criptomoneda, cuántas operaciones vamos a realizar, aproximadamente, en un período de tiempo, y cuántas operaciones deberíamos tener al mismo tiempo abiertas como máximo. En todo momento vamos a tomar decisiones para minimizar el riesgo y para dominar a nuestro cerebro reptiliano. En líneas generales, tienes que diseñar una estrategia que te permita operar sin que tu cerebro reptiliano tome el control, y esto varía de unas personas a otras, por lo tanto, tienes que diseñarla tú mismo.

Lo primero que debes decidir es cuánto dinero vas a invertir en criptomonedas en total. Este será el tamaño inicial de tu cartera. Tu único objetivo es que, con el tiempo, el tamaño de tu cartera crezca. Tu objetivo no es adivinar el precio que tendrá el bitcoin la semana que viene. Tu objetivo es hacer crecer tu cartera. Nadie puede decirte cual debe ser tu inversión en criptomonedas. Eso va a depender enteramente de ti, de tus ahorros, de tus otras inversiones, de tu capacidad de asumir riesgos, y de tu creencia en el futuro de esta tecnología. Por ejemplo, puede que quieras invertir una parte de tus ahorros en metales preciosos y otra parte en criptomonedas. Aquí solo puedo darte una recomendación: invierte solo lo que puedas perder, y que en caso de perdida no modifique tu estilo de vida. Por mucho que intentemos minimizar el riesgo, invertir siempre tiene un riesgo. Mi recomendación es que siempre hay que tener unos ahorros de colchón, que no se deberían tocar por si acaso. Estos ahorros deberían permitirte vivir un tiempo sin trabajar. A partir de ahí, es enteramente tu decisión cuanto destinar a inversión en criptomonedas. Piensa en ese número y anótalo. Recuerda que debería ser una suma de dinero que si la pierdes por completo no modifique tu estilo de vida. **Este es tu tamaño de cartera inicial**.

¿Recuerdas cuándo se activa el cerebro reptiliano? El cerebro reptiliano trata el dinero como un bien básico necesario para la vida. Cuanto mayor sea la suma de dinero que estas utilizando para la compra o la venta en una operación, más control va a tener tu cerebro reptiliano sobre tus acciones. Debido a eso, para mitigar el poder del cerebro reptiliano, en un inicio tendrás que operar con cantidades pequeñas. Imagina que identificas una posible operación de compra en una de las criptomonedas que estás vigilando. Ya sabes cual es tu tamaño de cartera, pero, ¿utilizarás todo tu dinero en esa primera operación? NO. Eso sería demasiado y tu cerebro reptiliano tomaría el control con consecuencias imprevisibles. Además, eso representaría un riesgo enorme. Recuerda que por mucho análisis técnico que hagamos, por mucho que confiemos en un proyecto, nadie puede adivinar el futuro. Siempre debes estar preparado para perder. En vez de eso, vamos a operar con cantidades mucho más pequeñas. Coge tu tamaño de cartera y divídelo entre 10. ¿Qué numero te da? ¿Aún crees que es una suma muy importante de dinero? Entonces divídelo entre 15. Ese número en el que te sientes cómodo va a ser el tamaño de tus operaciones inicialmente. Conforme vaya creciendo tu cartera, este número irá creciendo también, y conforme vaya aumentando tu experiencia y vayas dominando mejor a tu cerebro reptiliano, podrás ir modificando el tamaño de la operación según ciertas circunstancias, pero te recomiendo que, inicialmente, empieces dividiendo tu cartera entre un numero entre 10 y 15, y nunca menor que 10. Ya tienes tu tamaño de operación. Cuando hagas tu operación de compra, utilizaras esta cantidad. Eso quiere decir que para invertir todo el dinero que quieres invertir necesitaras realizar de 10 a 15 operaciones de compra. Pero cuidado, cuando identifiques un buen momento de compra, te aseguro que pensaras en saltarte esta regla y comprar más. No lo hagas. Este es tu cerebro reptiliano actuando, tu avaricia. Recuerda, por muy convencido que estés, esto no es una ciencia exacta. Nadie puede estar seguro al 100% de los movimientos del precio. Lo que estamos haciendo con este tamaño de operación es controlar tus emociones, controlar tu cerebro reptiliano mientras adquieres experiencia haciendo operaciones. Si te saltas esta regla y haces una operación demasiado grande, en el primer momento en el que el precio baje un poco, empezarás a tener dudas, y a plantearte vender. Más aún incluso si cuando realizas la operación el precio empieza a bajar inmediatamente. Esto puede pasar, y de hecho te pasará en más de una ocasión. Necesitas tener a tu cerebro reptiliano controlado durante toda la vida de la operación, así que es mejor hacer operaciones pequeñas. Además, esto te va a permitir hacer más operaciones, y cada operación que hagas es una oportunidad para aprender y ganar experiencia. Ya tendrás tiempo de hacer operaciones más grandes, créeme, pero es importantísimo que empieces con operaciones pequeñas.

Tipos de operaciones

Cuando hacemos una operación, esta puede ser de compra o de venta. Si estamos en el mercado del par BTCUSD por ejemplo, una operación de compra la pagaríamos con dólares americanos y recibiríamos bitcoin. Para ello deberíamos disponer de dólares americanos en nuestra cuenta. Para hacer una operación de venta en el mismo par, utilizaríamos bitcoin y recibiríamos dólares americanos. Hasta aquí todo claro, es como comprar pan. Pero la realidad es que en estos mercados podemos comprar y vender de una forma diferente que en la panadería. El mercado de intercambio funciona emparejando órdenes de venta con órdenes de compra. Es decir, tú puedes poner el precio al que quieres comprar o vender. El precio que ves en los gráficos es el precio de la última operación de compra-venta realizada en el mercado. Por eso el precio está continuamente variando. Digamos que el precio del BTC es de 8962.7 USD ahora mismo en el mercado de intercambio que has elegido. Pero en realidad hay mucha gente que ha puesto su orden de compra y venta, y está esperando a que otra persona acceda a comprar o vender al mismo precio que ellos han puesto. Puedes ver todas las órdenes que hay en el mercado en el Order Book o Libro de Órdenes. El order book contiene todas las ofertas de compra y venta que hay en un mercado en un momento dado. La mayoría de mercados están en Inglés así que te recomiendo que aprendas las palabras clave en Inglés. En la imagen puedes ver las primera filas del order book del par BTCUSD en el mercado de intercambio Kraken. En la siguiente imagen solo mostramos las órdenes de compra (Buying) por una cuestión de legibilidad, pero en los mercados de intercambio puedes ver tanto las órdenes de compra como las de venta. El order book representa el estado del mercado en un momento dado y varía continuamente. Vamos a utilizar este order book para explicar las operaciones básicas que podemos realizar.

New & Open Orders		Positions		Order Book
Buying				
Cm. Vol. ⇕	Cm. Cost ⇕	Cost ⇕	Volume ⇕	Price ▼
0.100	$896.3	$896.3	0.100	$8,962.5
0.600	$5,376.7	$4,480.4	0.500	$8,960.7
0.646	$5,788.9	$412.2	0.046	$8,960.5
0.870	$7,796.0	$2,007.1	0.224	$8,960.4
1.094	$9,803.1	$2,007.1	0.224	$8,960.3
5.094	$45,643.9	$35,840.8	4.000	$8,960.2

Primeras filas de órdenes de compra del Order Book de Kraken para BTCUSD

Operaciones a Mercado. En esta imagen vemos que la primera orden de compra está al precio de $8962.5 (en la columna 'Price'). También vemos que a ese precio están dispuestos a comprar 0.1 BTC (la segunda columna desde la derecha de esa misma tabla, con el título 'Volume'). El coste de esa operación, si se realizara, sería de $896.3 (la tercera columna desde la derecha, 'Cost'). La segunda orden de compra, en la segunda fila de la tabla, vemos que es a un precio un poco menor, $8960.7, y están dispuestos a comprar hasta 0.5 BTC. Esto significa que si nosotros tenemos BTC y queremos venderlo, el precio más alto del mercado ahora mismo es $8962.5, y a ese precio solo están dispuestos a comprar 0.1 BTC. Si queremos vender 1 BTC ahora mismo tendríamos que vender 0.1 BTC a $8962.5, 0.5 BTC a $8960.7, 0.046 BTC a $8960.5 y así sucesivamente hasta vender el BTC completo, llegando hasta la quinta fila de la tabla con el precio de $8960.3. Si quisiéramos vender 5 BTC ahora mismo realizaríamos el mismo ejercicio, pero en este caso llegaríamos hasta la última fila de la tabla. Esto que acabo de describir es lo que se llama una operación de venta a mercado (market sell) y el software lo realiza automáticamente si nosotros indicamos que queremos vender a mercado 5 BTC, por poner un ejemplo. Funciona exactamente igual para la compra (market buy), pero en este caso miraremos la tabla de órdenes de venta (Selling).

Selling

Price	Volume	Cost	Cm. Cost	Cm. Vol.
$8,962.7	1.100	$9,859.0	$9,859.0	1.100
$8,962.8	0.045	$403.3	$10,262.3	1.145
$8,963.2	2.281	$20,445.1	$30,707.4	3.426
$8,963.3	4.000	$35,853.2	$66,560.6	7.426
$8,964.8	0.278	$2,492.2	$69,052.8	7.704
$8,965.0	1.755	$15,733.6	$84,786.4	9.459

Primeras filas de órdenes de venta del Order Book de Kraken para BTCUSD

Imaginemos que nuestro tamaño de orden que hemos calculado previamente es de $10000. Recuerda que esto significaría que nuestro tamaño de cartera es de $100000 o más. Si compramos $10000 de BTC a mercado en este momento, según el order book de la imagen, estaremos comprando 1.1 BTC a $8962.7 por BTC con un coste de $9859 y el resto, es decir $10000 - $9859 = $141, lo utilizaremos para comprar BTC al precio de $8962.8 (la segunda fila de la tabla). Esto significa que recibiríamos 1.1 BTC de la primera fila, y 0.01573 BTC de la segunda para un total de 1.11573 BTC. Habríamos intercambiado $10000 por 1.11573 BTC. Pero no tienes por qué realizar estos cálculos tú mismo. El software del mercado de intercambio se encarga de todo. Comprar o vender a mercado es la operación más simple. Simplemente dices cuanto quieres comprar o vender y el software se encarga del resto. Pero te explico esto por que creo que es importante que entiendas cómo funcionan realmente los mercados de intercambio, y esto es aplicable a cualquier mercado, no solo al de criptomonedas.

Operaciones a Límite. Operación a límite de venta o a límite de compra. En Inglés Limit Buy o Limit Sell. En este tipo de operación tú seleccionas el precio límite al que quieres comprar o vender. Como acabamos de ver, cuando compras o vendes a mercado, no puedes elegir el precio al que compras o vendes, sino que esto va a depender de las órdenes del order book en ese momento. Las operaciones a límite te permiten especificar un precio. Cuando generas una operación a límite, lo que estas haciendo es escribir una fila en el order book. Por ejemplo, si queremos comprar 0.2 BTC a $8962.6 como máximo, hacemos una operación de compra a límite por ese precio, y eso creará una nueva fila en el order book. En este caso, esa nueva fila con la información de nuestra orden se situará entre la primera y la segunda fila de la tabla de órdenes de compra (Buying). Es importante entender que cuando ponemos una orden a límite en el mercado como esta, tenemos que esperar a que haya otra orden de venta al mismo precio o una orden de venta a mercado, para que la orden se ejecute, es decir, para que ocurra el intercambio y recibamos, en este caso, los 0.2 BTC que queríamos comprar. Yo puedo poner una orden de compra de 0.2 BTC a precio de $1000, pero si no hay nadie dispuesto a vender sus BTC a ese precio, no se ejecutará. Las operaciones a límite de ventas funcionan exactamente igual. Si quiero vender mis 0.2 BTC, pero como mínimo quiero venderlos a $8964, pondría una orden de venta a límite con ese precio, y esto generaría una nueva fila en el order book entre la cuarta y la quinta fila en la tabla de órdenes de venta (Selling).

Como hemos visto, tanto para órdenes a mercado como para órdenes a límite, nos interesa operar en mercados donde haya mucha gente comprando y vendiendo, si no, podemos tener problemas, como por ejemplo que una operación a mercado se ejecute a precios muy diferentes del actual, o que una operación a límite no se llegue a ejecutar. Este es el motivo por el que recomiendo en el capítulo 5 siempre operar en mercados y pares con bastante volumen. Recuerda que puedes ver el volumen de los pares en cada mercado en Coinmarketcap y páginas similares. Revisa el capítulo 5 si es necesario.

Una nota sobre las tasas: como sabes, los mercados de intercambio suelen ganar dinero a través de unas tasas que ponen a determinadas operaciones. En muchos mercados, estos dos tipos de operaciones tienen unas tasas distintas. Normalmente, las tasas de operaciones a mercado son un poco más altas que las tasas de operaciones a límite. Es lo que se llama tasas maker (límite) y tasas taker (mercado). La diferencia suele ser mínima, así que en mi opinion esta no es razón para elegir un tipo de operación u otra. Además, con el tipo de estrategia que estamos diseñando no vamos a realizar muchas operaciones así que las tasas no son tan importantes para nosotros. De todas formas, tal y como explico en el capítulo 5, deberías elegir mercados de intercambio con tasas competitivas.

A parte de las operaciones a mercado y a límite, existen otros tipos de operaciones que pueden resultar muy útiles, especialmente cuando las combinamos, como las operaciones stop loss y las operaciones take profit. Una operación de tipo **stop loss** está diseñada para contener las posibles pérdidas de una operación.

Recuerda que esto no es una ciencia exacta, estamos hablando de probabilidades. Cualquier operación, por buena que sea tu estrategia, tiene alguna posibilidad de salir mal. Además, en cualquier momento puede ocurrir alguna crisis o cualquier noticia que haga que el precio baje rápidamente y puede poner tus operaciones en pérdidas. El mercado está abierto 24 horas al día. No puedes estar vigilando el precio continuamente y aunque pudieras, vigilar el precio constantemente solo va a hacer que tu cerebro reptiliano tome el control, y como sabes, eso es lo último que queremos que pase. Las operaciones tipo stop loss nos permiten fijar un precio en que si se rebasa, automáticamente se generará una orden de venta, generalmente a mercado. Esto nos permite definir una estrategia de salida en caso que la operación no saliera como teníamos pensado. Los stop loss actúan como una red de seguridad y nos ayudan a reducir el riesgo de pérdidas importantes. Así que cada vez que se ejecute una de tus operaciones de compra, debes poner una operación de stop loss para reducir el riesgo de pérdidas importantes. Una operación de tipo **take profit** realizará también una venta automática al llegar el precio a un punto determinado que podemos especificar, pero en este caso es de una operación en ganancias, es decir cuando el precio va subiendo. Esto es útil en algunas estrategias, donde defines en el momento de hacer la compra, el precio en que vas a vender en un futuro. Take profit tiene sentido combinado con stop loss para automatizar la salida de una operación, ya sea con pérdidas o con beneficios. En los próximos capítulos definiremos a qué precio debes poner estas operaciones. De momento solo es importante que entiendas para qué sirve cada tipo de operación.

No todos los mercados de intercambio permiten realizar los mismos tipos de operaciones. Las operaciones a mercado y a límite son las básicas, pero a partir de ahí puedes encontrar mercados que ofrecen más o menos tipos de operaciones o que permiten o no combinar operaciones. Es importante que leas la documentación de los mercados de intercambio que has elegido, donde explican cómo realizar operaciones en sus sistemas. La forma de realizar operaciones y las restricciones pueden variar de un mercado a otro, pero la base es siempre la misma. Es importante que aprendas cómo realizar operaciones en tus mercados de intercambio elegidos en el capítulo 5, y que entiendas qué tipo de operaciones tienes disponibles en cada uno. Cuando sea el momento de comprar o vender no vas a querer estar buscando en la documentación, así que anticípate. Si ves que alguno de los mercados de intercambio que has elegido no tiene el tipo de operación de stop loss o equivalente, entonces deberías replantearte usar ese mercado de intercambio. Recuerda que el stop loss te permite reducir el riesgo de pérdidas importantes, y toda reducción de riesgo es buena para nuestra estrategia.

Cada vez que hagas una operación debes anotarla. Una hoja de cálculo o un archivo de procesamiento de texto es perfecto para esto. Debes anotar por lo menos el par, el mercado de intercambio, la fecha, el precio al que se realizó la compra, el precio del stop loss que pusiste para reducir el riesgo, y las notas de tus expectativas y estrategias de salida. No te preocupes si ahora mismo no tienes muy claro esto, quedará mucho más claro en los próximos capítulos. Mantener el historial de operaciones te servirá para analizar cómo esta funcionando tu estrategia en el futuro, para aprender lo que funciona para ti y poderla evolucionar con el tiempo.

Gestión de cartera. Como ves, reducir el riesgo es siempre importante en una estrategia de trading. Acabamos de ver cómo podemos reducir el riesgo en la manera en que realizamos nuestras operaciones. Pero hay más formas de reducir nuestro riesgo en general. Ya introdujimos la idea, en el capítulo 4, de que las criptomonedas más establecidas tienen menos riesgo, es decir, son menos volátiles, un poco más predecibles. Esto es, en parte, porque tienen más volumen de operaciones. Las criptomonedas más nuevas, más pequeñas, tienden a tener más variación de precios y a tener movimientos de precios muy rápidos. Teniendo en cuenta que esta variación de precios es de por sí muy grande en todo el mercado de criptomonedas, incluido las monedas más establecidas, me parece demasiado arriesgado crear una estrategia basada en la compra de criptomonedas jóvenes y poco establecidas. Son más impredecibles, más variables, y por tanto aumentan el riesgo general de la estrategia. Cuando empieces a hacer operaciones de compra, irás acumulando criptomonedas, es decir estarás invirtiendo en estas monedas. Es importante que vigiles siempre en qué monedas estas invirtiendo en cada momento. Vamos a diseñar unas reglas básicas de gestión de cartera con la idea de maximizar el beneficio sin aumentar el riesgo demasiado. Para ello vamos a partir de la lista de proyectos que creaste en el capítulo 4 y que espero que mantengas actualizada. Tu cartera de inversiones va a ser la lista de criptomonedas que posees en un momento dado. Para cada criptomoneda debes calcular qué porcentaje representa del total de tu cartera. Para ello tendrás que convertir cada criptomoneda a un único valor. Una forma fácil de hacer esto es convertirlas todas a una divisa como el euro o el dólar americano. También puedes convertirlas todas a bitcoin. Así, si tenemos ahora mismo en nuestra cartera 1 BTC y 23 ETH y ahora mismo un ethereum son 0.024 bitcoin, entonces puedo traducir mis ethereum a bitcoin y tengo en mi cartera ethereum por un valor de 0.552 bitcoin. En porcentajes tendré en mi cartera un 64.5% en BTC y 35.5% en ETH. Te recomiendo que mantengas tu cartera en una hoja de cálculo, con los porcentajes actualizados. Hay software que puede hacer esto por ti, tal como te comenté en el capítulo 5, pero con una hoja de cálculo lo puedes hacer perfectamente. No es necesario que actualices tus porcentajes tres veces al día. Con una vez a la semana es más que suficiente, por lo cual, no representa tanto trabajo. Cada vez que hagas una operación de compra, de venta, o de intercambio de criptomonedas, debes, también, actualizar tu cartera.

La primera regla para la gestión de cartera es que intentes no invertir en muchas criptomonedas al mismo tiempo. Cada moneda que añades a tu cartera representa una tarea periódica. Al final, cada criptomoneda tiene sus características y se comporta de una manera determinada. Unas son más estables, otras están en pleno desarrollo y sus equipos lanzan noticias continuamente, otras se ven más afectadas por otros mercados, etc… A la larga, conocer cómo se comporta un proyecto concreto es importante y si estas invirtiendo en 50 mercados al mismo tiempo no vas a poder conocerlos bien. Mi recomendación es que para empezar no inviertas en más de 5 proyectos. Probablemente empezar con menos de 5 es una buena idea pero dependerá del tiempo que lleves en este mundo y de tus conocimientos. Con el tiempo podrás aumentar este número si lo deseas, pero todo en su momento.

La segunda regla para la gestión de cartera es que mantengas un riesgo bajo, ya que las criptomonedas en general ya tienen unos precios muy variables, así que, es mejor que intentes reducir tu inversión en monedas poco establecidas, ya que estas son generalmente demasiado arriesgadas. Una forma fácil de definir si una criptomoneda está más o menos establecida es la que comentamos en el capítulo 4: utilizar el rango de Coinmarketcap, Coingecko, o páginas similares. Un criptomoneda establecida estará en las primeras posiciones. La mayor parte de tu cartera debería estar en estas posiciones. Esto quiere decir que más de un 50% de tu cartera debería estar en estas posiciones. En el momento de escribir este libro las criptomonedas más establecidas son Bitcoin y Ethereum, y de momento no parece que esto vaya a cambiar en un futuro próximo. Una parte de tu cartera debería estar en posiciones medias. Digamos que aproximadamente un 30% puede estar invertida en criptomonedas hasta el ranking número 25. Ahora mismo criptomonedas interesantes en ese rango incluyen EOS, Tezos, Monero, Cardano, Tron... Y finalmente el 20% restante puedes invertirlo en proyectos menos establecidos que se encuentran a partir del número 25 del ranking. Estos porcentajes no están escritos a fuego. Sencillamente me parece una forma generalmente válida de empezar, pero va a depender de tu tolerancia al riesgo y de tu experiencia y conocimiento de cada criptomoneda. Puedes empezar, sencillamente, con una cartera enteramente destinada a criptomonedas establecidas. O eliminar el 20% de monedas menos establecidas y quedarte en un 50% de monedas establecidas y un 50% de monedas medias. Lo que no te recomiendo es que aumentes el porcentaje de proyectos menos establecidos.

Tienes que entender que los porcentajes variarán conforme vayas haciendo operaciones de compra e intercambio de criptomonedas, y dependiendo del ciclo del mercado en que nos encontremos es más beneficioso reducir el porcentaje de cartera en proyectos establecidos y aumentar el porcentaje de proyectos medios. La definición de los ciclos de mercado y de estos cambios en la estrategia dependiendo del ciclo de mercado los veremos en el capítulo 13.

Hay mucho contenido en este capítulo pero hemos dado un paso importante en nuestra estrategia. Ya tenemos definido nuestro tamaño de operación, y tenemos el conocimiento suficiente para realizar operaciones de compra y venta en nuestros mercados de intercambio. También conocemos las herramientas que nos permitirán controlar el riesgo y, sobre todo, a nuestro cerebro reptiliano. Si eres completamente nuevo en esto, sé que es mucha información. No dudes en repasar los capítulos que no tengas claros, busca más información de los conceptos que no tengas completamente claros y mantén tus notas actualizadas. En los próximos capítulos vamos a descubrir herramientas que nos van a permitir decidir cuándo y a qué precio poner nuestras operaciones de compra y venta, y vamos a darle los toques finales a nuestra estrategia.

Capítulo 10

Medias Móviles

Las Medias Móviles, en Inglés Moving Averages o simplemente MA, son unos de los indicadores más utilizados, y por esa misma razón, son generalmente bastante fiables. Las medias móviles utilizan información de precios de un número de períodos determinado. Este numero de períodos se puede configurar. Las MA se van a representar en nuestro gráfico como una línea que, en cierta manera, sigue el precio. Es importante entender que las MA van a depender de la periodicidad de nuestro gráfico. Si tenemos una MA de 21 períodos y estamos viendo el gráfico de velas diario, significa que la MA esta siendo calculada como la media del precio de los últimos 21 días. Si estamos viendo el gráfico de velas semanal, la misma MA estará siendo calculada como la media del precio de las últimas 21 semanas. Por la misma razón, si queremos ver una MA equivalente a la de 21 semanas en el gráfico de velas diario, dado que una semana son 7 días, tendremos que visualizar la MA de 147 días (7 x 21).

Las MA más utilizadas en distintas periodicidades son las de 21, 50, 100 y 200. Si estas trabajando en TradingView, en el menú superior tienes un elemento llamado 'Indicators' al que si haces click aparecerá un buscador de indicadores. Si escribes Moving Average te aparecerá el indicador. Una vez seleccionado aparecerá en tu gráfico y podrás configurar el período del indicador en la parte superior izquierda del gráfico. Si estas utilizando otro software, esto puede variar un poco, pero generalmente funcionan de forma muy similar. TradingView también proporciona un indicador donde puedes configurar múltiples MA; existe un Triple MA y un Cuádruple MA en el momento de escribir este libro. Configura tus MA de 21, 50, 100 y 200 en tu gráfico, cada una con un color distinto. Practica a poner y quitar distintas MA, muévete a otra periodicidad, por ejemplo a semanas, y observa como el precio interactúa con las distintas MA.

Ahora que ya tenemos las MA configuradas, vamos a ver para qué se utilizan en análisis técnico. Las MA actúan muchas veces como soporte y resistencia. Ya hemos visto el concepto de soporte y resistencia en el capítulo 8. Cuando el precio se acerca a una MA de las más utilizadas, estas pueden actuar como soporte o resistencia. Cuanto mayor es el período de la MA, mayor es la fuerza del soporte o resistencia que ejercerá en el precio. Por lo tanto, una MA de 200 diaria tendrá más fuerza que una MA de 50 diaria. Y a su vez una MA de 200 semanal, tendrá más fuerza que una MA de 200 diaria. Es importante que cuando analicemos gráficos tengamos en cuenta todos los factores que vamos viendo en este libro. Cuando estamos mirando un gráfico no podemos solo fijarnos en las MA. Tenemos que añadir lo que hemos visto en el capítulo 8 y también lo que veremos en los próximos capítulos. El conjunto de indicadores, osciladores, tendencias y soportes nos va contar una historia mucho más completa que si solo nos fijamos en un indicador. Por ejemplo, imagina que siguiendo las indicaciones del capítulo 8 hemos identificado una zona de resistencia en el gráfico del BTCUSD al rededor de los 8000 USD y que el precio del BTC esta a unos 7000 USD en tendencia alcista. Ahora, viendo las MA configuradas de 50, 100 y 200 días en tu gráfico, observas que las dos MA de 100 y 200 días están descendiendo y acercándose también a la zona de los 8000 USD. Esto lo que hace es reforzar esa resistencia que habíamos identificado en esa zona. Digamos que sería una resistencia doble. ¿Quiere decir esto que es imposible que el precio pase de los 8000 USD en ese caso? No. Recuerda que siempre estamos hablando de posibilidades. Lo que significa es que el precio, conforme vaya llegando a esa zona, es probable que se encuentre con una mayor presión de venta, y por lo tanto, reduzca su velocidad de subida e incluso empiece a bajar. Podemos utilizar las MA como soportes y resistencias móviles, que pueden acumularse a los soportes y resistencias que identificamos en el precio, los explicados en el capítulo 8.

Además de actuar como soportes y resistencias de forma consistente, podemos utilizar las MA para definir de una forma muy clara la tendencia de un mercado. Muchos inversores utilizan la MA 200 diaria para definir si estamos en un mercado alcista o en un mercado bajista. Si el precio está por encima de la MA 200 diaria, es que nos encontramos en un mercado alcista. Si está por debajo de la MA 200 diaria es que estamos en un mercado bajista. Un mercado alcista simplemente significa que está en una tendencia general alcista, es decir que los precios pueden subir o bajar, pero a medio/largo plazo van subiendo. Un mercado alcista puede durar desde varios meses hasta varios años. Un mercado bajista es lo contrario, es decir, un mercado en que a medio/largo plazo los precios van descendiendo. En Inglés el mercado alcista se llama bull market, y el mercado bajista se llama bear market. Se considera que los toros son alcistas y los osos son bajistas. Verás la simbología de los toros y los osos continuamente. De hecho en Wall Street, en Manhattan, puedes encontrar una famosísima escultura de un toro relacionada con esta simbología del mercado. A partir de ahora utilizaremos estos términos también aquí para referirnos a la tendencia general del mercado.

Utilizar la MA 200 o incluso la 250 diaria para definir la tendencia general es una forma muy simple y muy utilizada en mercados tradicionalmente. Pero, en el mercado de las criptomonedas, ahora mismo, en el 2020, las variaciones de precio son mayores que en los mercados tradicionales de acciones. Por esta razón, recomiendo ajustar un poco esta regla para definir tendencias. Considero que la MA 21 semanal está más ajustada al mercado de criptomonedas ahora mismo, y por los próximos años, hasta que se convierta en un mercado menos volátil. Recuerda que la MA 21 semanal equivale a la MA 147 diaria. Así que utilizaremos esta MA para definir de una forma muy sencilla si nos encontramos en un bull market o en un bear market. Esto es importante por que dependiendo de en que tipo de mercado nos encontremos, debemos modificar nuestra estrategia de compra y de venta. En un bull market tendremos más oportunidades de venta que de compra. En un bear market tendremos más oportunidades de compra que de venta, así que tu estrategia debe variar dependiendo de la tendencia general del mercado para ser lo más eficiente posible. Veremos estas variaciones con mucho más detalle en el capítulo 13 del libro, cuando tengamos nuestra estrategia casi acabada. De momento es suficiente con que tengas una forma sencilla de identificar la tendencia general de un mercado.

La verdad es que a veces no es tan sencillo definir una tendencia general, y utilizar solo un simple indicador puede parecer simplista, pero lo que intentamos aquí es definir una estrategia base, lo más simple posible, pero que sea válida inicialmente, para que después, esta estrategia pueda crecer conforme crece tu conocimiento y experiencia. Aún así, te recomiendo que mantengas la estrategia lo más simple posible cuando vayas haciendo modificaciones.

Puedes encontrar bastante información sobre medias móviles y cómo usarlas ahí fuera. Probablemente encuentres términos como Death Cross, Golden Cross, o medias móviles exponenciales. Investiga, aprende... eso siempre es bueno, pero para tu estrategia inicial en inversión de criptomonedas creo que estos conceptos no son adecuados porque intentamos crear una estrategia lo más simple posible. Aún así voy a explicar estos conceptos y por qué no los incluiría en la estrategia inicial. Las **Death Cross y Golden Cross** se basan en cruces de la MA de 50 y 200 días. Una Death Cross es cuando la MA de 50 días se cruza con la MA de 200 días a la baja. El conocimiento general es que cuando ocurre una Death Cross significa que el mercado va a estar a la baja por un tiempo considerable. Una Golden Cross es el cruce de la MA 50 días con la de 200 días a la alta. Cuando ocurre una Golden Cross se considera que el mercado va a ser alcista por un tiempo considerable. Estos son indicadores que se han utilizado en mercados tradicionales desde hace muchos años para identificar tendencias alcistas y bajistas. En mi opinion, creo que en el mercado de las criptomonedas, donde los precios pueden variar bruscamente, las Golden Cross y las Death Cross no tienen tanto significado como en los mercados tradicionales. Además, las criptomonedas son un mercado muy joven, con menos de una década de historial ahora mismo, y las Death Cross y Golden Cross no ocurren muy a menudo, así que, no tenemos muchos datos en los que basarnos para calcular las probabilidades de éxito de incorporar estos eventos en nuestra estrategia. Cuando ocurre una Death Cross probablemente ya estamos en un bear market, porque generalmente cuando esto pasa el mercado está a la baja desde hace un tiempo. Es por estas razones por las que creo que es conveniente que entiendas estos conceptos, pero que no los utilices como base para tu estrategia inicial para inversión en criptomonedas. Los puedes utilizar como complemento para confirmar una tendencia si quieres, aunque en mi opinión no es necesario y lo que hace es complicar tu estrategia inicial. Esto puede cambiar en el futuro, y puede que se demuestre dentro de unos años que estos eventos son fiables, pero ahora mismo basarse en Death Cross y Golden Cross para crear una estrategia de trading de criptomonedas representa un riesgo que en mi opinión es demasiado alto. En el gráfico del par BTCUSD diario podemos ver que hay una Golden Cross a finales de Abril del 2019 y una Death Cross a finales de Octubre del 2019. Las Death Cross y Golden Cross también se pueden encontrar en otras periodicidades.

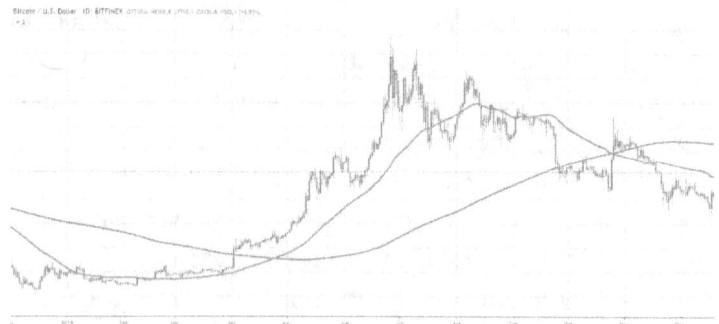

Gráfico diario del par BTCUSD con MA 50 y MA 200

También verás que hay gente que utiliza las medias móviles exponenciales. Estas medias móviles son muy similares a las medias móviles simples, que son las que utilizamos en nuestra estrategia, pero estas le dan más importancia a los períodos más recientes. una media móvil exponencial de 50 días le dará más importancia a los precios de la última semana que a los precios de hace 4 semanas. En mi opinión es mejor empezar utilizando las medias móviles simples por que en general son más utilizadas que las medias móviles exponenciales, y eso significa que actuaran en más ocasiones como soporte y resistencia, por ello, son un poco más válidas para nuestra estrategia inicial.

Antes de seguir, debes realizar una tarea en tu lista de criptomonedas para invertir. Recuerda que en el capítulo 4 creaste esa lista inicial de monedas, con tus notas sobre por qué es interesante cada proyecto y por qué tiene futuro. Esta es una lista corta, de 10 a 20 criptomonedas como mucho. En el capítulo 8 añadiste información de pares para invertir, precios, tendencias actuales, soportes y resistencias importantes a cada una de las criptomonedas de tu lista. Esta información también debe de estar actualizada. Si no lo esta, actualízala ahora mismo. Ahora, debes volver a analizar los gráficos de cada uno de los pares con la información de las MA más utilizadas. Debes anotar si el precio se encuentra cerca de alguna MA importante. Por ejemplo, si ves que para un par determinado el precio está en tendencia bajista, es decir, que está marcando precios más bajos, pero hay una MA importante cerca que actúa como soporte, como la MA 200, entonces este es un par que debes vigilar con más frecuencia ya que podrías tener una oportunidad de compra en los próximos días. También debes anotar claramente si para cada par nos encontramos en un bear market o en un bull market y también si nos estamos acercando a un posible cambio de ciclo.

Esto es importantísimo ya que nuestra estrategia dependerá de si estamos en un ciclo ascendente de mercado - bull market - o en un ciclo descendente - bear market. En este capítulo hemos decidido que utilizaremos la MA de 21 semanas para definir la tendencia general del mercado, bull market o bear market. Así que para cada par de tu lista, abre el gráfico de velas semanales y activa la MA 21 sobre él. Diremos que un par se encuentra en un ciclo ascendente o bull market cuando el **precio de cierre** está por encima de la MA de 21 semanas. El par estará en bear market cuando el **precio de cierre** se encuentra por debajo de esta misma MA. La mayoría de pares estarán claramente en bull market o en bear market, pero habrá situaciones en las que el precio estará muy cerca de la MA de 21 semanas. Recuerda que estamos viendo velas semanales, es decir que cada vela que vemos en el gráfico tarda 7 días en cerrarse. Esto es importante que lo entiendas. Recuerda cómo funcionan los gráficos de velas. El precio de cierre va a ser el final superior o inferior del cuerpo de la vela, dependiendo del color de esta misma. Si es una vela ascendente, color claro o verde, el precio de cierre viene marcado por la parte superior del cuerpo de la vela. Si es una vela descendente, de color rojo, el precio de cierre será el de la parte inferior del cuerpo de la vela.

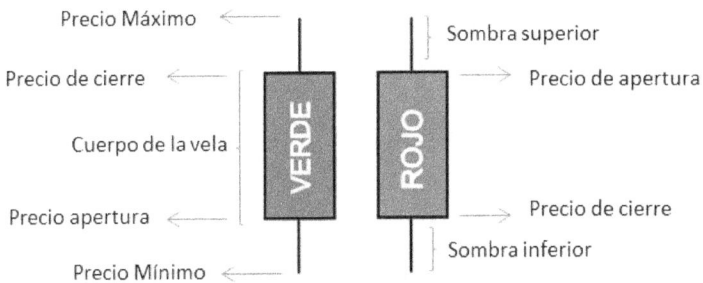

Nos fijaremos en el precio de cierre de las velas para determinar la tendencia

Pero nos podemos encontrar en situaciones donde la MA está cruzando la vela de precios. En ese caso no nos podemos fijar en la última vela del gráfico (la vela más a la derecha) por que esa vela aún no ha cerrado, por lo tanto, tenemos que fijarnos en la vela de la semana anterior, es decir, la segunda vela empezando a contar desde la vela más a la derecha del gráfico. En la siguiente imagen vemos una parte del gráfico de velas semanales del par BTCUSD de la primavera del año 2019. En este gráfico podemos ver cómo durante la semana del 18 de Marzo del 2019, el precio se encontró con la resistencia de la MA 21 semanas. La siguiente semana, la del 25 de Marzo, el precio cruzó la MA 21. Desde nuestro punto de vista, el par BTCUSD no entró en un bull market hasta finalizar la semana del 25 de Marzo y empezar la del 1 de Abril, es decir, hasta el día 1 de Abril.

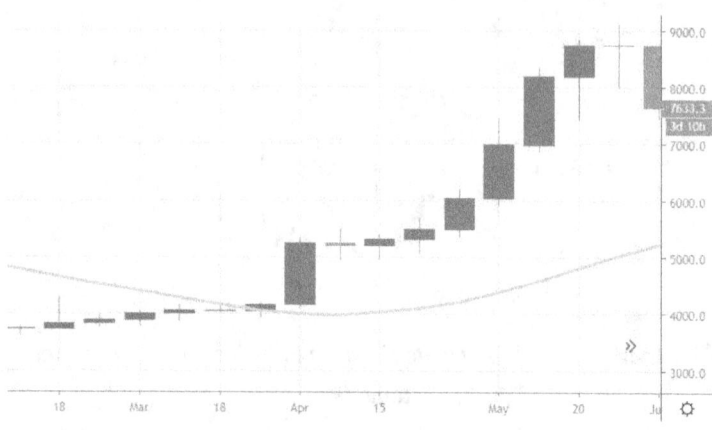

Gráfico de velas semanales con MA 21

Esto es increíblemente sencillo y rápido de realizar. Hemos elegido este método de identificar tendencias generales por su increíble sencillez y claridad. En nuestra estrategia no tendremos dudas de si estamos en un bull market o en un bear market. Actualiza tu lista con esta información.

Hasta aquí hemos visto diferentes herramientas para identificar zonas donde los precios van a frenar su avance e incluso a cambiar de dirección, llamadas soportes y resistencias. También hemos visto herramientas para identificar tendencias generales del mercado. Solo con esto podríamos definir estrategias muy simples para inversores a largo plazo. Por ejemplo podríamos definir una estrategia en que compramos cuando el precio cruce a la alta la MA de 21 semanas y vendemos cuando el precio cruce a la baja la MA de 21 semanas. Sería una estrategia en la que no realizaríamos demasiadas operaciones. Es una estrategia completamente válida, pero en este libro vamos a definir una estrategia que intentaremos que sea un poco más eficiente.

Intentaremos utilizar los movimientos del mercado un poco más. Para ello nos podemos ayudar de otros indicadores muy válidos, llamados osciladores, para decidir cuándo comprar y cuándo vender. En el próximo capítulo vas a conocer el fascinante mundo de los osciladores, unas herramientas simples para definir zonas de entrada y de salida, es decir de compra y venta. ¡Te espero allí!

Capítulo 11

Osciladores

Como has visto en el capítulo anterior, las MA son indicadores que se dibujan encima del gráfico de precios. Esto es así por que se utilizan identificando cruces con el mismo gráfico de precios, en nuestro caso con las velas de precios. Los osciladores son indicadores que se dibujan separadamente. Tienen su zona separada del gráfico de precios por que no interactúan directamente con el precio. Los indicadores que hemos visto en el capítulo anterior se utilizan para identificar tendencias básicamente, es decir para identificar en qué dirección se mueve el precio, hacia arriba, hacia abajo o lateral. En cambio, los osciladores que vamos a ver en este capítulo son indicadores de otro tipo, se utilizan para identificar la fuerza que tiene un movimiento. La fuerza en cada momento vendrá indicada por un número del 0 al 100 y veremos como el oscilador va creando una línea que oscila entre el 0 y el 100, por eso mismo se llaman osciladores. Al igual que los indicadores de tendencia, o de cualquier otro tipo, existen infinidad de ellos que puedes ver con el click de un botón en tu sistema de gráficos como TradingView, GoCharting o cualquier otro. Para nuestra estrategia, y en mi opinión para cualquier otra estrategia válida, es importante que mantengamos la simplicidad, así que solo voy a explicar unos osciladores muy básicos que utilizaremos en nuestra estrategia. Te invito a investigar por tu cuenta una vez tengas más experiencia y domines tu estrategia base para ir evolucionando, pero recuerda siempre que una estrategia debe ser sencilla. No utilices nunca más de tres indicadores para la base de tu estrategia y siempre intenta mezclar tipos de indicadores, por ejemplo, indicadores de tendencia e indicadores de momento. Si utilizas demasiados indicadores en tu estrategia base, sencillamente van a darte señales contradictorias o señales desfasadas que van a hacer más complicadas tus decisiones. Además, cada tipo de indicador se adapta más a un tipo de trading. Por ejemplo, por norma general los indicadores de tendencia se adaptan mejor a inversores a largo plazo. Los osciladores suelen tener cambios más rápidos y por eso mismo se adaptan mejor a tipos de traders que realizan más operaciones, como los swing traders o los day traders.

El primer oscilador que vamos a ver es el **RSI** y es uno de las más usados. RSI significa **Relative Strength Index** o Índice Relativo de Fuerza. Mide la fuerza de los cambios recientes de precio. En este caso, para el cálculo del RSI utilizamos 14 períodos, que en un gráfico diario serían los 14 días anteriores. El RSI se utiliza para identificar momentos de sobrecompra o sobreventa. En la imagen vemos un gráfico de precios diario para el par ETHUSD con el oscilador RSI en la parte inferior. Abre este gráfico en tu sistema de gráficos, y visualiza los primeros cuatro meses del 2020.

Gráfico de precios y RSI (abajo)

En la imagen podemos ver como el RSI se mueve más o menos como el precio, pero dentro del rango del 0 al 100. Cuando el RSI baja de cierto nivel, normalmente 20 o 30, decimos que el par está en sobreventa, es decir, está llegando al límite de su fuerza de venta. En el gráfico diario podemos ver una ocasión clara donde el RSI nos ha marcado una situación de sobreventa para el par ETHUSD. Cuando el RSI se sitúa por encima de cierto valor, generalmente 70 u 80, decimos que el par esta en una situación de sobrecompra, es decir está llegando al límite de su fuerza de compra. En el gráfico podemos ver una situación de sobrecompra a mediados de Febrero para el par ETHUSD.

Como probablemente has deducido ya, si quisiéramos diseñar una estrategia únicamente utilizando el RSI, compraríamos en situaciones de sobreventa (RSI menor que 30 o 20) y venderíamos en situaciones de sobrecompra (RSI mayor que 70 u 80). Estos umbrales varían dependiendo del par y de la tendencia general en que se encuentre. Por ejemplo, en un bear market, nos encontraremos con más situaciones de sobreventa que de sobrecompra. En el gráfico de la imagen vemos que estamos en un bear market. De forma opuesta, en un bull market veremos más situaciones de sobrecompra que de sobreventa, por lo tanto, deberíamos ajustar estos umbrales para que nuestra estrategia sea lo más eficiente posible. ¿Significa esto que siempre que el RSI está en sobreventa, el precio va a subir? No. Recuerda esto que te voy a decir: No existe el indicador perfecto. Ningún indicador te va a servir en todas las situaciones, y por esa razón, ninguna estrategia te va a servir en todas las situaciones. En el mismo gráfico de la imagen puedes ver que después de la primera situación de sobreventa el precio sigue cayendo. Siempre van a haber situaciones en que los indicadores fallen. Por esa razón, la estrategia también fallará, y por eso tu estrategia debe incluir una serie de elementos de control de riesgo, de los cuales ya hablamos en capítulos anteriores, como el control del tamaño de posiciones y las órdenes de tipo stop loss.

En la estrategia que estamos diseñado utilizaremos una aproximación híbrida y diferente para cada tendencia de mercado, pero es importante que entiendas bien cómo funciona el RSI ya que es uno de los indicadores más utilizados, no solo en criptomonedas, sino a nivel general. Ahora, abre tu software de gráficos y en el menú de indicadores busca el RSI. Puede que lo encuentres solo por las siglas o por su nombre completo: Relative Strength Index. En el caso de TradingView es el nombre completo. Una vez cargado el indicador, asegúrate que utiliza 14 períodos para el cálculo, si no, puedes utilizar la opción de configuración para cambiarlo. Esta configuración también la podemos variar dependiendo de el par o tendencia de mercado para ajustarla a las características específicas, pero generalmente un período de 14, que es el estándar, te servirá. ¡Ya está! Así de sencillo es. Ya puedes identificar situaciones de sobrecompra y sobreventa.

Otro de los osciladores más utilizados es el **Stochastic RSI**. El Stochastic RSI utiliza los valores del RSI para realizar sus cálculos. Podríamos decir que es un indicador de un indicador. Tal como el RSI, el Stochastic RSI es un oscilador. Su valor varía entre 0 y 100 (o entre 0 y 1 en algún sistema de gráficos, pero es equivalente). El Stochastic RSI nos indica simplemente cuándo el RSI ha llegado a su máximo o mínimo de un período determinado, normalmente los 14 períodos anteriores calculados por el RSI. No es necesario que entiendas cómo se realizan estos cálculos. Lo que tienes que saber es que el Stochastic RSI oscila mucho más rápido que el RSI. Pasará de 0 a 100 y de 100 a 0 muchas más veces que el RSI, por lo tanto, el Stochastic RSI puede ser utilizado para estrategias o situaciones en que necesitas tener más señales en un período determinado de tiempo. Dado que nuestra estrategia es híbrida, utilizaremos el Stochastic RSI en distintas situaciones. Busca el Stochastic RSI en el menú de indicadores de tu sistema de gráficos y cárgalo junto con el RSI que ya tenías cargado. Asegúrate que en la configuración el Stochastic RSI está utilizando 14 períodos del RSI. En la siguiente imagen podemos ver un gráfico diario del par ETHUSD con los dos osciladores activados.

Gráfico de precios, RSI y Stochastic RSI de arriba a abajo

Lo primero que verás es que el Stochastic RSI tiene dos líneas, normalmente una azul y una roja, aunque estos colores pueden variar dependiendo de tu software de gráficos. En algún software he visto una línea blanca y otra roja, pero son equivalentes. Debes fijarte siempre en la línea azul o la línea clara. Una forma de utilizar el Stochastic RSI es fijarse en cuándo estas dos líneas se cruzan, ya sea al alza o a la baja. El Stochastic RSI también nos va a indicar situaciones de sobrecompra y sobreventa, pero nos va a indicar más situaciones que el RSI. Cuando la línea azul está por encima de 80 es una situación de sobrecompra, y por debajo de 20 es una situación de sobreventa. Dado que estos dos indicadores trabajan a velocidades distintas, los vamos a utilizar en nuestra estrategia para situaciones de mercado distintas. Esto lo veremos en el capítulo 13, donde combinaremos las herramientas que estamos aprendiendo aquí para definir nuestras señales de compra y venta dentro de nuestra estrategia de trading.

Como ves en los gráficos, en cierta manera el RSI y el Stochastic RSI siguen el movimiento de los precios. Podemos ver como cuando el precio forma una cresta de la ola, el RSI también lo hace. Podemos ver también que cuando el precio esta subiendo, el Stochastic RSI también está subiendo y viceversa. Pero hay algunos momentos en que esto no es así. Nos podemos encontrar algunas situaciones en las que el precio está marcando un alto más alto que el anterior, pero el RSI está marcando un valor más bajo que el anterior. Lo mismo podemos encontrarnos con el Stochastic RSI y el precio. Estas diferencias entre el comportamiento de los osciladores y del precio se llaman **divergencias** y son una herramienta bastante poderosa. Normalmente indican un cambio en la tendencia del precio. Si vemos que el precio está marcando nuevos altos, significa que está en tendencia alcista. Pero si vemos que al mismo tiempo el RSI esta marcando altos cada vez más bajos, significa que está en tendencia bajista. Generalmente esto significa que hay una alta probabilidad de que el precio cambie de dirección, en este caso va a ponerse en tendencia bajista. Cuando identificamos una divergencia, debemos tenerlo en cuenta para las decisiones que tomemos en nuestra estrategia. Abre en TradingView el gráfico del par BTCUSD diario y visualiza el período entre Agosto del 2019 y Marzo del 2020. Añade el RSI si no lo tienes ya activado. Deberías ver un gráfico similar al de la siguiente imagen, donde he marcado con líneas inclinadas dos divergencias entre el precio y el RSI.

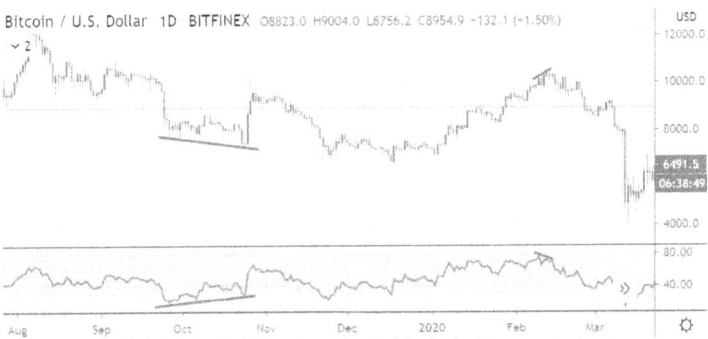

Divergencias en RSI y precio en BTCUSD diario

Hay otra divergencia muy clara en este gráfico que no he marcado a propósito para que tú la encuentres. ¿Puedes encontrarla? Como ves, unas divergencias duran más tiempo que otras. Generalmente una divergencia a favor de la tendencia general tiene más fuerza, por tanto, durará menos tiempo. Las divergencias tienen una alta probabilidad, pero como todo en este mundo del análisis técnico, no son infalibles. Utilízalas siempre con las herramientas de control de riesgo que has aprendido en capítulos anteriores.

Capítulo 12

Otras Técnicas, Fibonacci y Figuras

En los capítulos 10 y 11 hemos hablado de unos pocos indicadores. Existen muchos más. Si has investigado un poco por tu cuenta seguro que has oído hablar de muchos indicadores muy conocidos como pueden ser MACD, OBV, MFL, Bollinger Bands... Existen infinidad de indicadores, con sus pequeñas variaciones, y cada uno puede tener su utilidad. También existen distintas herramientas de dibujo en los gráficos, existe todo un mundo de figuras que se interpretan, triángulos ascendentes, banderas, ondas de Elliott... el abanico es inmenso. Pero necesitaríamos miles y miles de páginas para explicarlos aquí. El propósito de este libro es ayudarte a definir una estrategia de trading lo más simple posible que no consuma demasiado tiempo de tu semana, y darte las indicaciones para que la estrategia sea exitosa. Creo que solo usando los indicadores explicados en los capítulos anteriores es suficiente para diseñar una estrategia así. Combinar indicadores para una estrategia de trading, especialmente si los indicadores son de distintos tipos puede ser muy beneficioso. Pero creo que no deberías nunca diseñar una estrategia que combine muchos indicadores. Mantén tu estrategia simple; con tres indicadores es más que suficiente.

Pero también es verdad que en ciertas ocasiones podemos usar algunas otras herramientas, a parte de nuestros indicadores básicos, para extraer un poco más de información de los gráficos. Las herramientas que voy a discutir aquí añaden complejidad a nuestras decisiones de trading, por eso no deberías incluirlas en tu estrategia inicial. Las pongo aquí como un contenido extra, y porque considero que, una vez diseñada tu estrategia, es importante que sigas aprendiendo y evolucionando como trader. El conocimiento no ocupa lugar, pero estas herramientas no van a ser necesarias en tu estrategia inicial. Debido a que añaden complejidad, no es recomendable que utilices estas herramientas hasta que no hayas dominado perfectamente la estrategia básica. Recuerda que la simplicidad es un punto clave de nuestra estrategia.

Una de estas técnicas es Fibonnacci. No voy a explicar de donde viene la serie de números ya que esto está completamente documentado y puedes acceder a esta información fácilmente. Aquí me voy a limitar a explicar brevemente cómo puedes utilizar esta herramienta. Los niveles de Fibonnacci te van a servir para identificar zonas de soporte y resistencia, especialmente cuando el precio se mueve en contra de la tendencia general. Como hemos explicado anteriormente, aunque la tendencia general del precio sea alcista, esto no significa que el precio va a ir siempre hacia arriba, sino que se moverá como en olas, hacia arriba y después retrocederá un poco, después continuará un poco más hacia arriba. Pues bien, podemos utilizar Fibonnacci para identificar zonas donde estos retrocesos pueden parar. Fibonnacci se basa en proporciones que se encuentran en la naturaleza. Se cree que el sentimiento humano, de alguna manera, también contiene estas proporciones y eso se refleja en el precio. Personalmente creo que influye más el factor de que es una herramienta que muchos traders utilizan, y el simple hecho de que muchos traders la utilicen hace que tenga cierta probabilidad de éxito. Sea como sea tiene una probabilidad de éxito considerable si se utiliza bien. Para ello debemos encontrarnos en un retroceso ya iniciado, y lo que haremos es utilizar la herramienta de 'Fibonnacci Retracement' de nuestro software de gráficos. En TradingView podemos encontrar esta herramienta en el menú lateral izquierdo dentro de una de las opciones, y se llama 'Fib Retracement'. En GoCharting se encuentra en el menú superior, en la sección de Drawing (dibujar) y subsección 'Sacred Geometry'. Una vez seleccionada la herramienta vas a tener que seleccionar el inicio del último movimiento a favor de la tendencia general. Si la tendencia general es bajista, el inicio del último movimiento sera la cresta de la última ola. Si la tendencia es alcista, el inicio del último movimiento será el último punto bajo del precio. Una vez seleccionado el inicio del último movimiento a favor de la tendencia, deberás seleccionar el final de ese mismo movimiento, justo donde empieza el retroceso. En ese momento la herramienta te marcará unos niveles en el mismo gráfico: 23.6% de retroceso, 38.2% de retroceso, 50.0% de retroceso, 61.8% de retroceso... En teoría, el retroceso tendrá más probabilidad de llegar hasta los puntos intermedios, que son 38.2%, 50% o 61.8%. Mi recomendación es que no utilices esta herramienta sola. La puedes utilizar como complemento para tomar decisiones a bajo nivel dentro de tu estrategia base, pero nunca como indicador base. Estos niveles los puedes utilizar para reforzar soportes o resistencia que ya has identificado. Por ejemplo, si cuando dibujas el Fibonnacci Retracement, ves que el nivel 61.8% te coincide con la MA 100 diaria, entonces el soporte o resistencia de la MA 100 lo deberías considerar más importante por el hecho que el nivel de Fibonnacci coincide con este nivel, por lo tanto, habrá más traders que pongan sus órdenes de compra o de venta en ese nivel. La herramienta de Fibonnacci no es necesaria para la estrategia que estamos diseñando en este libro, pero es interesante que vayas explorando otras herramientas para que las puedas usar en un futuro como complemento para decisiones de bajo nivel.

También es posible que hayas oído hablar de figuras. Hay infinidad de figuras: triángulos, hombro-cabeza-hombro, taza y mango, banderas ascendentes y descendentes... Puedes encontrar muchísima información de cada una de las figuras en Internet y otras fuentes de información. Mi opinión personal es que estas figuras muchas veces son muy subjetivas. La mente humana ha evolucionado para identificar patrones, especialmente visuales, y por esa misma razón puedes encontrar figuras en todos los sitios. ¿Nunca has jugado a buscar formas de objetos conocidos en las nubes? Por esa razón, pienso que las figuras son mucho más subjetivas que los indicadores, y por lo tanto, añaden un factor de duda. Por eso no las recomiendo para el diseño de una estrategia y mucho menos una estrategia para alguien que está iniciándose en el trading. En caso que quieras explorar el mundo del trading basado en figuras, por curiosidad o por expandir tus herramientas, te recomiendo que no mezcles en una misma estrategia indicadores y figuras. Por la misma razón que te recomiendo que no mezcles muchos indicadores en la misma estrategia; a parte de complicar muchísimo la estrategia te darían señales contradictorias introduciendo dudas en tu estrategia, y no hay nada peor que tener dudas en el momento de operar. Si vas a hacer trading basado en figuras vas a necesitar aprender muy bien cómo invertir en cada una de las figuras, y sólo operar cuando las figuras se han confirmado. También hay que tener en cuenta cuándo una figura en construcción se invalida... Si quieres entrar en ese mundo va a requerir un tiempo y un esfuerzo considerable. Esta es mi opinión personal y mi recomendación. A partir de ahí, también opino que el camino del trader es muy largo y lleno de posibilidades que cada uno debe explorar por sí mismo, y poco a poco, definir cómo utilizar cada herramienta y cómo integrarla en una estrategia que tenga sentido para el tipo de trader que uno es y para la personalidad y circunstancias personales de cada uno, pero esto solo llega con la experiencia y con la práctica. De momento, te recomiendo que mantengas las cosas muy simples y utilices solo las herramientas y técnicas que conoces bien.

Capítulo 13

Estrategia en Distintos Ciclos de Mercado

En este capítulo acabaremos de definir nuestra estrategia de trading. Ahora ya tenemos todas las herramientas y conocimiento necesarios. No ha sido tan difícil, ¿verdad? Este va a ser un capítulo intenso y cargado de información. Pero antes de empezar vamos a hacer un pequeño repaso de lo que hemos conseguido hasta ahora. Es importante que mantengamos el orden.

Primero, y lo más importante, créeme, es controlar las emociones. Esto te va a costar un tiempo, por eso estamos diseñando una estrategia a medida para ayudarte a controlar tu cerebro reptiliano. De nada va a servir tener la mejor estrategia adaptada a ti si después, en el momento de la verdad, no la sigues, y te aseguro que tu cerebro reptiliano intentará que no la sigas. Vuelve a leer el capítulo 6 las veces que sea necesario. Hemos definido en el capítulo 2 qué tipo de trader queremos ser. Esta es la base para poder definir una estrategia. En el capítulo 4 has definido una lista de criptomonedas en las que puedes estar interesado. Es recomendable que tengas esta lista en una hoja de cálculo o documento de procesamiento de texto ya que debes mantener esta lista actualizada. Las criptomonedas evolucionan, cambian, aparecen nuevas monedas, y otras desaparecen. Recuerda que esta lista debe ser corta, no debes centrarte en demasiadas criptomonedas.

Después hemos aprendido a leer los gráficos de precios y a identificar soportes, resistencias, y tendencias. La tarea de identificar soportes y resistencias, máximos, mínimos y tendencias en distintos períodos es algo que hay que hacer continuamente. Cuanto más fácil sea para ti identificar estas zonas en los precios, mejor trader vas a ser. Te recomiendo que cuando hagas esta tarea limpies tu gráfico, es decir que no tengas indicadores o líneas de tendencia por medio que te molesten. Tú y el gráfico de precios simplemente. El software de gráficos suele tener una utilidad para ocultar los indicadores y las líneas realizadas en los gráficos. Utilízala. Recuerda mantener la simplicidad. Utiliza periodicidades de día para empezar y pasa a periodicidades de semana para ver tendencias y soportes a largo plazo. Después hemos visto los distintos tipos de operaciones y para qué sirven, y sobre todo, has decidido una parte importantísima de tu estrategia: el tamaño de tus operaciones. Recuerda que este tamaño debe ser suficientemente pequeño para que tu cerebro reptiliano no tome el poder. Aún así, te aseguro que en el momento de realizar una operación, tu cerebro reptiliano (la avaricia) va a intentar que no hagas caso a tu propia estrategia, y que tomes posiciones más grandes. ¡No caigas en la trampa! El diseño de la estrategia incluye las probabilidades de que una operación falle, es decir, que no salga como habías pensado. Esto es parte de la estrategia, es parte del trading. Nadie puede acertar el 100% de las veces, ni siquiera el 80%, por lo tanto, la estrategia debe incluir este hecho y para ello debemos controlar el riesgo de las operaciones. Si tomas posiciones del 50% de tu cartera, estas rompiendo la base de tu estrategia, asumiendo un riesgo demasiado grande. Puede que te salga bien en una operación, pero a la larga es un error. Recuerda que todo se basa en probabilidades y en el hecho de que no podemos adivinar que va a pasar en el futuro, por muchos indicadores que utilicemos. Esto ya lo he dicho y lo volveré a repetir en el libro por que es la base de todo. Hemos aprendido también una herramienta para controlar el riesgo en pérdidas, llamada stop loss, y hemos dejado muy claro que en tu estrategia debes utilizarla. Cuando entras en una operación siempre debes tener una estrategia de reducción de riesgo en caso que las cosas no salgan bien y los stop loss están diseñados para esta tarea.

En el capítulo 10, hemos visto como las MA nos van a ayudar a definir y potenciar zonas de soporte y resistencia y, más importante aún para nuestra estrategia, a cómo saber de una forma muy sencilla en qué tendencia general se encuentra el mercado, es decir, si estamos en un bull market o en un bear market. Toda esta información la deberías tener anotada y bien actualizada en tus archivos donde has ido trabajando con tu lista de criptomonedas y pares en que invertir que hemos ido construyendo desde el capítulo 4. Finalmente, en el capítulo 11, hemos aprendido a configurar y a utilizar los osciladores. Ahora debes juntar todo este conocimiento para acabar de definir tu estrategia inicial de trading en criptomonedas. ¡Vamos allá!

Ya he comentado varias veces que el mercado de las criptomonedas se caracteriza por una alta volatilidad en general, es decir, que los precios pueden variar bruscamente en períodos de tiempo muy reducidos. Cuando nos encontramos en un bull market, la tendencia general del mercado será alcista y el preció irá marcando nuevos altos. Pero también habrá correcciones de precio. Nuestra estrategia debe permitirnos aprovechar estos movimientos hacia arriba que pueden durar semanas e incluso meses. Ya definimos en el segundo capítulo de este libro para qué tipo de trader estamos definiendo esta estrategia. No queremos estar haciendo operaciones diariamente, esto sería muy arriesgado si no tenemos mucha experiencia, y además, ocuparía demasiado tiempo. Debido a eso, debemos buscar indicadores - o una combinación de ellos - que nos dé la frecuencia de entradas aproximada que estamos buscado en un bull market, y que nos permita tener operaciones abiertas el tiempo suficiente para buscar el máximo beneficio sin asumir demasiado riesgo. Recuerda esto, en un bull market vamos a tener más oportunidades de venta que de compra, por eso vamos a intentar relajar las reglas de entrada - compra - y vamos a ser más estrictos en nuestras reglas de salida - venta.

Pero, ¿qué pasa con los bear markets? En un bear market la tendencia general del precio es a la baja. Es decir el precio tiene tendencia a ir marcando niveles más bajos cada vez. La diferencia más importante entre un bear market y un bull market es que en un bull market operamos a favor de la tendencia general, pero en un bear market vamos a operar en contra de la tendencia general. Esto hace que sea más arriesgado operar en un bear market. La fuerza de una caída de precios en un bear market puede ser brutal, por lo tanto, nuestra estrategia debe tener en cuenta que existe un mayor riesgo cuando operamos en un bear market. En un bear market tendremos más oportunidades de entrada - compra - que de salida - venta -, por esa razón, tendremos que relajar las reglas de salida, y hacer más estrictas las reglas de entrada. Esto significa que generalmente saldremos antes de nuestras operaciones en bear market, ya que en cualquier momento podemos tener un movimiento brusco del precio a la baja.

Por estas razones, nuestra estrategia de trading va a tener dos partes diferenciadas. Estrategia en bull market y estrategia en bear market. En un bear market haremos más operaciones porque no asumiremos tanto riesgo y saldremos antes de las operaciones. También pondremos unos stop loss más ajustados ya que hay más posibilidades de caída de precios. En un bear market estaremos más cerca de lo que se considera un swing trader. En un bull market intentaremos hacer operaciones más largas, ya que hay más posibilidades de que el precio siga subiendo. Relajaremos nuestra estrategia de stop loss y los pondremos mucho más holgados porque, aunque el precio tenga una caída importante, hay más posibilidades de que siga su tendencia alcista a más largo plazo. Recuerda, todo son probabilidades. Podríamos ir directamente a las reglas de la estrategia, pero quiero contarte la lógica que hay detrás de la construcción de la estrategia porque el objetivo de este libro es que sepas construir tu propia estrategia y que tengas las herramientas para poder ir evolucionando tu estrategia conforme vas adquiriendo más experiencia o el mercado va cambiando con los años. Prefiero enseñarte a pescar antes que darte el pescado. Vas a ver cómo todo se basa en encontrar un equilibrio entre el riesgo y el beneficio. En cada operación que hagas debes reducir el riesgo de pérdidas sin reducir demasiado la posibilidad de beneficio.

Como te puedes imaginar, nos va a venir muy bien esa forma tan simple de identificar bull markets y bear markets que definimos en el capítulo 10, usando la MA de 21 semanas. Y además, ya tienes marcado en tu lista de criptomonedas qué pares están en bear market y qué pares están en bull market, y también qué pares están cerca de un posible cambio de ciclo, así que este trabajo ya lo tienes adelantado. Recuerda que para confirmar un cambio de ciclo, al menos una vela semanal tiene que cerrar claramente en la otra parte de la MA de 21 semanas.

Tu estrategia te dará señales de compra y de venta. Pero la parte más importante de tu estrategia no es la que te da las señales, sino la que te permite controlar el riesgo. Recuerda que toda estrategia te va a dar señales erróneas en algún momento. Puede que tu estrategia te de varias señales erróneas seguidas, por lo tanto, lo más importante es que mantengas el tamaño de posición que definimos en el capítulo 9 y que pongas operaciones de stop loss para limitar la pérdida en caso de operación errónea. Vamos a definir la estrategia de compra y venta en los distintos ciclos de mercado:

ESTRATEGIA EN BULL MARKET

En un bull market queremos hacer operaciones más largas para dejar que el precio suba y con esto aumentar nuestras posibilidades de obtener un mayor beneficio. Recuerda que este mercado es muy variable, por lo tanto, incluso en un bull market podemos tener caídas de precios bastante significativas sin entrar en un bear market. Pero las posibilidades de que el precio vaya subiendo también son más altas. Inmediatamente después de toda operación de compra que realicemos tenemos que poner una operación de stop loss. Esto no es opcional. El stop loss es lo que va a reducir tus pérdidas y lo que va a permitir, junto a un tamaño de operación reducido, que incluso con un porcentaje alto de operaciones erróneas, puedas tener beneficio. Después veremos a qué precio ponemos el stop loss. Antes vamos a hablar de señales de entrada, o lo que es lo mismo, señales de compra.

ENTRADA EN BULL MARKET

Tal como hemos deducido antes, en un bull market vamos a tener menos ocasiones de comprar a buen precio, porque el precio tiende a bajar menos que en un bear market, por ello, debemos tener unas reglas de entrada lo suficientemente relajadas para no perder oportunidades valiosas. Al mismo tiempo, no queremos hacer muchas operaciones y queremos dejar espacio al precio para que tenga sus oscilaciones y siga creciendo. Por eso, en un bull market vamos a utilizar un indicador que nos marque una tendencia alcista pronunciada dentro del bull market. Como ya viste en el capítulo 10, las MA son unos indicadores muy válidos para marcar tendencias, así que utilizaremos una MA ajustada para esto. La MA de 21 días. Vamos a utilizar el cruce del precio con la MA de 21 días, pero lo combinaremos con el RSI para detectar situaciones de sobreventa, donde encontraremos el mayor beneficio. Por lo tanto, las reglas de entrada en bull market son:

1. Compra al entrar en bull market si no tienes una posición abierta aún. Es posible que viniendo de un bear market ya tengas una posición abierta en el momento que entramos en bull market. Si la tienes, mantenla abierta y utiliza las reglas de salida de bull market que veremos más abajo. Si no la tienes, debes buscar un buen momento para entrar. En este caso, no te precipites ya que muchas veces cuando iniciamos un bull market el precio puede volver en unos días a entrar en zona de bear market. Recuerda que para entrar en un bull market el precio

debe cruzar la MA 21 semanal. Esta MA semanal suele representar una resistencia fuerte, y muchas veces el precio vuelve a testear resistencias fuertes una vez sobrepasadas, convirtiéndolas en soporte. Revisa el capítulo 8 si es necesario para entender estos movimientos típicos del precio. Y recuerda que desde el punto de vista de nuestra estrategia no entramos en un bull market hasta que al menos una vela semanal haya cerrado claramente por encima de la MA 21 semanal, no antes. Si te precipitas y entras antes, tendrás más posibilidades de entrar en una operación errónea.

2. Compra si el precio está por debajo de la MA 21 diaria y al mismo tiempo el RSI está por debajo de 40 (situación de sobreventa relajada). Además, al mismo tiempo el Stochastic RSI tiene que haber llegado a 0 o muy próximo (<5) y debe estar subiendo ya. Esto quiere decir que la línea azul ha tocado fondo y ha vuelto a dirigirse hacia arriba, cruzándose con la línea roja del Stochastic RSI. Es posible que veas que el RSI llega a 40, pero el Stochastic no ha llegado aún al fondo. En ese caso debes esperar, ya que quiere decir que el movimiento de caída de precios aún tiene cierta fuerza. Recuerda que el Stochastic RSI nos marca la fuerza del movimiento, por lo tanto, en ese caso hay probabilidades que el precio siga bajando. El RSI puede llegar en algunas ocasiones a niveles muy bajos en un bull market. Cuanto menor sea el nivel del RSI, mejor compra es, ya que significa que estamos en una mayor situación de sobreventa. Es decir, si ves que el RSI llega a 40 pero sigue bajando, relájate y observa el Stochastic RSI para saber cuándo debes entrar.

3. Si estando el precio por debajo de la MA 21 diaria no se

da la situación del punto anterior, pero el precio vuelve a subir por encima de la MA 21 diaria, debes comprar en el momento en el que el precio sobrepase la MA 21 diaria. Esto significa que en nuestro gráfico de velas diario, hay al menos una vela que cierra claramente por encima de la MA 21 diaria. Fíjate también en el Stochastic RSI para decidir el momento exacto de la compra. Si el Stochastic esta descendiendo, toma precauciones y no te precipites. Espérate a que vuelva a tomar fuerza, es decir a que el Stochastic RSI vuelva a dirigirse hacia arriba.

Recuerda que justo después de realizar una compra, siempre debes poner un stop loss para reducir la posibilidad de pérdidas grandes. Además, y una vez puesto el stop loss, debes inmediatamente anotar tu operación en tu historial, añadiendo tus notas, capturas de pantalla, y toda la información que creas necesaria. En un bull market debemos dejar cierta libertad al precio para que realice sus oscilaciones naturales que, en el caso de el mercado de criptomonedas ahora mismo, pueden ser considerables. Vamos a ver ahora cómo podemos conseguir ese equilibrio:

STOP LOSS EN BULL MARKET

- Nuestro stop loss lo pondremos aproximadamente a un 25% por debajo de nuestro precio de compra. Esto quiere decir que estarás limitando tu pérdida a un 25% como máximo. Pero esto es un 25% de tu tamaño de posición que, como hemos visto repetidas veces, debería ser pequeño. De esta manera, estamos asumiendo un 25% de riesgo en cada operación. Un 25% puedes pensar que es un riesgo alto, y en realidad lo es, pero esto es debido a que en el mercado de criptomonedas el precio es muy variable y movimientos de un 25% no son extraños cuando estamos tomando posiciones a medio/largo plazo como estas. Pero esta variabilidad del precio nos permite también apuntar a un beneficio más grande. En nuestra estrategia vamos a limitar las pérdidas, pero vamos a intentar no limitar las ganancias. Cuando creas una estrategia tu objetivo es siempre que la posibilidad de beneficio sea mayor que el riesgo que asumes; por lo menos 2 o 3 veces mayor. Aquí asumimos un 25% o sea que nuestro objetivo es tener un beneficio de al menos un 50% o un 75%.

- Debes ajustar los stop loss. El 25% que te he recomendado en el punto anterior debe servirte de guía, pero siempre en el momento de poner un stop loss debemos fijarnos en los distintos soportes que hay por debajo del precio actual y por la zona al rededor de un 25% por debajo. En este momento es cuando te van a venir muy bien tus notas, ya que en tu lista de pares para invertir deberías tener anotados los distintos soportes y resistencias de cada par. Por eso es importante tener esta lista actualizada continuamente. Vamos a poner un ejemplo para dejar esto más claro: Digamos que acabas de realizar una compra del par ETHUSD a 192 USD. Utilizando la herramienta de medir de TradingView (usando la tecla de mayúsculas y haciendo click en el precio) calculas que un 25% por debajo del precio actual sería aproximadamente 145 USD. Pero resulta que has identificado un soporte fuerte a 150 USD. Esto quiere decir que si el precio baja hasta esos niveles, tiene más posibilidades de pararse y volver a subir al rededor de 150 USD que al rededor de 145 USD. En este caso, y dado que el soporte está muy cerca de nuestro valor inicial para el stop loss, sería conveniente ajustar el stop loss y ponerlo justo por debajo del soporte que hemos identificado, para que en caso que el precio llegue al soporte y vuelva a subir no salte nuestro stop loss. Pondríamos nuestro stop loss al precio de 148 USD aproximadamente. Esto quiere decir que habríamos ajustado nuestro stop loss a un 23% por debajo del precio de compra, aproximadamente. Esto sería perfectamente válido, igual que si encontramos un soporte que se encuentra un poco por debajo de nuestro punto inicial de 25%. Digamos que puedes ajustar tu punto de stop loss entre un 20% y un 30% por debajo del precio de compra, dependiendo de los soportes que identifiques. Recuerda que las MA también forman soportes, pero estos soportes son móviles, debido a lo cual, son menos útiles para ajustar puntos de stop loss.

SALIDA EN BULL MARKET

Debido al historial que tiene el mercado de las criptomonedas en bull market, de crecidas de precios increíbles, no debemos limitar el beneficio de nuestras operaciones. Por esa misma razón, no vamos a poner una operación de venta (o take profit) inmediatamente después de la operación de compra. Para realizar operaciones de venta nos basaremos otra vez en indicadores. De esta manera reducimos la posibilidad de pérdidas con nuestro stop loss, pero dejamos abierta la posibilidad de beneficios para aprovechar la volatilidad del mercado de criptomonedas. Vamos a ver las reglas de salida en un bull market:

1. Vende si el RSI en el gráfico de velas diario se encuentra en situación de sobrecompra clara, es decir, que está por encima de 80 y al mismo tiempo el Stochastic RSI ha llegado al tope (100 o casi 100) y esta descendiendo. Esto quiere decir que la línea azul del Stochastic RSI ha tocado el tope, y ya se dirige hacia abajo, habiéndose cruzado con la línea roja. No te precipites al vender en un bull market. Debes seguir la estrategia, pero en un bull market un par puede estar en estado de sobrecompra por varios días, y el RSI puede seguir subiendo. Lo mismo pasa con el Stochastic RSI; puede estar en zonas cercanas al 100 y mantenerse por muchos días en esas zonas. Durante esos días el precio puede realizar subidas importantes, así que si ves que el RSI ha llegado a más de 80, pero al mismo tiempo ves que el Stochastic RSI sigue teniendo fuerza, debes esperar un poco. Pero siempre debes estar vigilante en situaciones de sobrecompra ya que hay muchas posibilidades que el precio esté llegando a un máximo y tenga una corrección importante. Por lo tanto, no vendas hasta que no veas que el Stochastic empieza a caer, lo que significa que el movimiento está perdiendo fuerza. En ese momento debes actuar rápido. Como método opcional y complementario en situaciones de sobrecompra que se alargan durante varios días en bull markets, lo que puedes hacer es poner un stop loss mucho más ajustado al precio actual e ir moviendo el stop loss conforme vaya subiendo el precio. Esto es lo que se llama un trailing stop loss. Un stop loss ajustado sería un 7% u 8% por debajo del precio actual.
2. Si la situación del punto 1 no ocurre y el precio empieza a bajar, debes vender si el precio cruza por debajo de la

MA de 21 días. Recuerda que para esto al menos una vela debe cerrar claramente por debajo de la MA 21 diaria. Hay algunas situaciones en bull market en las que el precio baja por unos pocos días por debajo de la MA de 21 días y luego vuelve a subir, como si la MA 21 actuara como un resorte. La tercera regla de compras en bull market de la estrategia te cubre en estas situaciones. Así que cuando vendes por cruce de la MA 21, debes seguir atento al precio en los próximos días ya que se puede dar una situación de compra que te permitirá seguir aprovechando la subida de precio. Recuerda que siempre debes fijarte en la dirección del Stochastic RSI.

Es posible que justo después de salir de tu operación, es decir, de vender, el precio siga subiendo. Esto te va a pasar. Es imposible que una estrategia te dé siempre señales de venta en los puntos máximos del precio. En ese momento que ves que el precio sigue subiendo y subiendo, tu cerebro reptiliano intentará sabotear tu estrategia. Pero si tu estrategia no te da una señal de entrada, no debes comprar otra vez. Si caes en la trampa de tu cerebro reptiliano, es decir, si te puede la avaricia, estarás arriesgando los beneficios que has obtenido hasta ahora, y lo que es peor, estarás dándole más fuerza a tu cerebro reptiliano y desaprovechando una oportunidad para aprender a dominarlo. En estas situaciones debes pensar en que has hecho una operación exitosa, y que has tenido un beneficio. De lo que se trata no es de comprar en el punto más bajo y vender en el más alto, eso es imposible. No existe estrategia ni analista profesional que te pueda dar esas señales de compra y venta consistentemente. Si ese es tu objetivo te puedo garantizar que vas a perder tu dinero. Tu objetivo debe ser vender a un precio más alto del que has comprado. Simple y llanamente. Debes dejar a parte tu ego y ver el valor a largo plazo de una estrategia de trading que esta protegiéndote de asumir un riesgo demasiado grande. Si no puedes controlar tus emociones, acabarás perdiendo tu dinero. Esta estrategia esta diseñada para que sea lo más sencillo posible controlar tus emociones, pero aún así tendrás que luchar. La avaricia y el miedo aparecerán en los momentos clave, eso te lo puedo asegurar. Debes estar preparado y esa es la razón por la que he repetido esto tantas veces durante todo el libro. Controlar a tu cerebro reptiliano es la clave de cualquier estrategia de trading.

ESTRATEGIA EN BEAR MARKET

En un bear market vamos a operar en contra de la tendencia, y por tanto, debemos extremar las precauciones. Tendremos más oportunidades de entrada, pero seremos también más rápidos en salir. Utilizaremos más el Stochastic RSI ya que es un oscilador que nos dará señales más frecuentes al oscilar más rápido que el RSI y mucho más rápido que cualquier indicador de tendencia. Al mismo tiempo debemos ajustar nuestros controles de riesgo. El tamaño de operación será el mismo tanto en bull market como en bear market. Ten en cuenta que podemos tener operaciones que empiezan en bear market pero pasan a bull market, es decir, que realizamos la entrada según las reglas de la estrategia en bear market, pero para la salida aplicaremos las reglas de bull market, ya que el mercado habrá cambiado de ciclo.

SALIDA EN BEAR MARKET

1. Si tenemos alguna operación abierta debemos vender al entrar en el bear market. Recuerda que entramos en bear market cuando al menos una vela semanal cierra claramente por debajo de la MA 21 semanal.
2. Debes vender cuando el Stochastic RSI en gráfico diario ha llegado a 100 y empieza a bajar, es decir, cuando la línea azul ha llegado al tope y después de eso ha cambiado de dirección y ha empezado la caída, cruzándose con la línea roja. Esta es una regla de salida bastante estricta. Habrá situaciones en que cuando vendas, el precio siga subiendo. No te preocupes, en un bear market tendrás más oportunidades de compra. Controla tu avaricia en esos momentos y piensa que la estrategia esta diseñada para reducir el riesgo.

ENTRADA EN BEAR MARKET

1. Compra cuando el Stochastic RSI en gráfico diario ha llegado a 0 y ya empieza a subir en el gráfico diario. En muchas ocasiones en un bear market verás que el RSI en gráficos diarios se encuentra en zona de sobreventa (RSI < 20). No es necesario que esperes a tener siempre un RSI en sobreventa para realizar una compra en bear market, pero si esto ocurre, va a dar mayor seguridad a tu operación. No te precipites al realizar compras en un bear market, recuerda que tendrás muchas oportunidades de compra. Como siempre, debes vigilar las zonas de resistencia próximas antes de comprar. Si ves una zona de resistencia fuerte por encima del precio actual, muy cerca, vale la pena esperar a ver como reacciona el precio con esa resistencia. Es posible que en un bear market, la

estrategia te de una señal de compra cuando los precios están cayendo brutalmente. En ese momento, tu cerebro reptiliano intentará controlarte. Tendrás miedo. Pero como siempre, debes controlarte y seguir la estrategia. Si el precio sigue cayendo, tu estrategia impedirá pérdidas grandes. Para eso hemos diseñado un control de riesgo más ajustado en los bear market. Debes estar preparado mentalmente para operaciones fallidas. De esa forma conseguirás vencer el miedo y podrás realizar operaciones con un beneficio importante incluso en mercados bajistas. Recuerda que al poner una operación de compra siempre debes poner un stop loss.

STOP LOSS EN BEAR MARKET

- Ya hemos comentado que en un bear market debemos extremar los controles de riesgo. Como tenemos una estrategia de salida más estricta, debemos también ajustar nuestro riesgo. En este caso pondremos nuestro stop loss un 10% por debajo del precio de compra. Debes ajustar el stop loss si hay algún soporte fuerte cerca del precio de compra, pero en un bear market nunca deberías poner un stop loss más allá de un 12% por debajo del precio de compra. Debes ser más estricto cuando ajustes los stop loss en un bear market.

Como ves, esta estrategia es muy sencilla. Solo vas a necesitar tener en tus gráficos la MA 21, el RSI y el Stochastic RSI. Básicamente, te vas a mover entre las periodicidades semanal y diaria. También puedes visitar la periodicidad mensual de vez en cuando para identificar zonas de soporte y resistencia, y tendencias a muy largo plazo. Esta sencillez va a hacer que te centres en el precio y en las tendencias, y no ocupes tu mente en un montón de indicadores, figuras y patrones. Además, esto va a hacer que puedas analizar y tomar decisiones de forma muy rápida, liberando así tu tiempo para hacer lo que más te apetezca. Recuerda que también debes utilizar las MA 50, 100, y 200 para analizar el mercado y encontrar soportes y resistencias. Esto apoyará tu estrategia. Mantén tu estrategia simple. Siempre debes mantener tus controles de riesgo, y sobre todo, controlar a tu cerebro reptiliano.

Algunos mercados de intercambio permiten la posibilidad de hacer operaciones en corto o, como se llaman en Inglés, 'shorts'. Haciendo una operación en corto puedes ganar dinero cuando el precio cae. Estas operaciones son más complejas y requieren que tomes "prestado" un activo mientras mantienes la operación abierta. Esto significa que mantener la operación abierta tiene un coste, y que estás operando con un dinero que no es tuyo. Considero que este tipo de operaciones implican un riesgo demasiado alto y no recomiendo en absoluto introducirlas en una estrategia de trading para gente que se está iniciando, así que, no las incluiremos en este libro.

BITCOIN COMO LÍDER DEL MERCADO

En el mercado de las criptomonedas, Bitcoin actúa como líder la mayor parte del tiempo. Esto puede cambiar en un futuro a largo plazo, pero de momento no hay signos de que esto vaya a cambiar en un futuro próximo. Las criptomonedas alternativas, o simplemente alts, son todas las otras criptomonedas que no son Bitcoin. Recuerda que este es un mercado muy nuevo.

Hasta bien entrado el año 2017 Bitcoin representaba más del 95% del total del mercado de criptomonedas. Desde entonces, las cosas han cambiado, pero en el momento de escribir este libro, en el 2020, Bitcoin sigue representando más de un 60% del total del mercado de criptomonedas. Es un mercado muy relacionado entre sí, así que, cuando el precio del Bitcoin se mueve, este mueve a todo el mercado en general. Cuando Bitcoin se mueve, todo se mueve. Si Bitcoin baja de precio, las alts bajarán de precio, muchas veces de forma más pronunciada. Si Bitcoin sube, las alts generalmente subirán también, muchas veces más pronunciadamente. Esto seguirá siendo así mientras Bitcoin represente un porcentaje tan importante del mercado. Esto es importante para ti. Significa que incluso si no tienes ninguna operación abierta en Bitcoin, debes siempre vigilar y analizar los gráficos de Bitcoin, ya que estos gráficos te darán una visión global del estado del mercado. ¿Cómo puedes aprovechar este conocimiento para ajustar tu estrategia? Muy sencillo. Generalmente cuando el mercado está alcista, te conviene diversificar. Ya hablamos en el capítulo 4 y 9 de cómo identificar criptomonedas interesantes para invertir y de cómo repartir tu cartera entre estos proyectos para tener un riesgo controlado. En tendencias alcistas debes mantener tu cartera equilibrada, tal como explicamos en el capítulo 9, en el apartado de Gestión de Cartera. Con el tiempo, tu estrategia irá dándote señales de compra de distintos pares de criptomonedas que estas vigilando. Llegará un momento en que tu cartera consistirá de varias criptomonedas, muchas más establecidas, y algunas pocas menos establecidas. Si has seguido las reglas de gestión de cartera del capítulo 9, en ese momento, tendrás una cartera diversificada y equilibrada. Pero cuando Bitcoin entre en un bear market, las alts también entrarán en bear market, y tu estrategia te dará señales de venta generalizadas. Cuando estés en un bear market, debes extremar las precauciones, así que deberías aumentar la proporción de monedas establecidas en tu cartera, y disminuir el porcentaje de monedas poco establecidas. Esto significa que en bear markets deberías centrarte en las criptomonedas que están más altas en el ranking de Coinmarketcap o CoinGecko.

¡Ya tienes tu estrategia! Este capítulo ha sido muy intenso y espero que a la vez muy interesante. Por favor, vuelve a leerlo, toma notas, hazte un esquema de la estrategia y agrégalo a tus archivos. Y recuerda que no debes cambiar tu estrategia por el simple hecho que has tenido dos operaciones con pérdidas. La estrategia contempla este tipo de operaciones. Recuerda que es un juego de probabilidades. Si cada vez que una operación falla cambias la estrategia, estas cambiando también estas probabilidades, con resultados potencialmente desastrosos. Perderías el control. Por lo tanto, no debes cambiar la estrategia continuamente. Tu estrategia puede evolucionar a medida que ganas experiencia y conforme va aumentando tu cartera, pero esto es un proceso lento, un camino que dura años.

Capítulo 14

Notas Finales

Espero que te hayas dado cuenta que en este libro no solo te he ofrecido una estrategia simple para empezar a operar en el mercado de las criptomonedas, sino que hemos ido construyendo juntos, paso a paso y desde cero, esta estrategia. Durante las distintas tareas a realizar, has tenido que esforzarte, has tenido que poner de tu parte, pero eso hace que realmente entiendas el funcionamiento. Has entendido cómo la frecuencia de operaciones que quieras realizar va a determinar el tiempo que dediques a la inversión, y esto a su vez va a determinar muchísimo la estrategia que definas. También has entendido la base del mercado de criptomonedas y un concepto clave ahora mismo: su alta variabilidad de precios. Esta característica ofrece un potencial de beneficios increíble, pero es un arma de doble filo; también aumenta el riesgo de pérdidas de forma considerable. Por eso hemos pasado un tiempo hablando de herramientas y técnicas de control de riesgo, y hemos visto cómo utilizarlas en una estrategia de trading. Espero que hayas entendido la importancia de esto. También has aprendido cómo utilizar los indicadores más básicos y potentes, pero sobretodo, has aprendido cómo utilizarlos dentro de una estrategia de trading. Hay indicadores que dan señales con mayor frecuencia que otros, y esta característica es clave para utilizar uno u otro en tu estrategia de trading. Has entendido cómo combinar distintos indicadores para ajustar el momento de entrada o salida. Y además, hemos hecho una pequeña introducción a las distintas técnicas y herramientas que encontrarás en tu camino.

Podría haberte dado simplemente la estrategia, pero hay muchísimo más valor en explicarte cómo construir una estrategia. Tu estrategia está viva. Primero debes aprender a controlar tus emociones, tu cerebro reptiliano, y hemos diseñado juntos una estrategia que te permitirá realizar las suficientes operaciones, y con un tamaño lo suficientemente pequeño como para que aprendas a controlar tus emociones en un tiempo récord. Sin un objetivo y una estrategia adaptada perderías muchísimo tiempo y dinero hasta llegar a ese punto. Pero ahora tienes estas dos cosas. Una vez domines tus emociones y tu estrategia inicial, puedes empezar a hacer modificaciones, pero solo en ese momento. Recuerda que el mercado de criptomonedas es un mercado joven que está en constante evolución, y puede que en unos cuantos años sea mejor ajustar esta estrategia para un mercado de menor volatilidad, es decir, un mercado con menos riesgo y menor potencial de beneficio por unidad de tiempo. También es muy posible que tú mismo evoluciones con el tiempo. Puede que te des cuenta que quieres reducir el número de operaciones por año que realizas. En el momento de realizar modificaciones a tu estrategia, tendrás infinidad de datos en tus archivos. Por eso es tan importante y he insistido tanto durante todo el libro en que mantengas tus listas y tus notas actualizadas. Mantener una lista actualizada de criptomonedas y pares es clave. En ella tendrás tus notas sobre en qué ciclo se encuentran, si están cerca de un cambio de ciclo, o si se encuentran cerca de una señal de entrada o salida. Esto te permitirá hacer un análisis de cada par en un tiempo récord. Sólo necesitarás unos pocos minutos al día, y es posible que dependiendo de la situación general del mercado no necesites hacer nada en muchos días. Mantener tu historial de operaciones bien detallado, y siempre con notas e imágenes, es también importantísimo. Esto te servirá para poder repasar y corregir errores, pero también te servirá como base de datos para modificar tu estrategia en un futuro. En ese momento, tendrás las herramientas y conocimiento necesarios para hacerlo, y siempre puedes volver a visitar esta guía si lo consideras oportuno. Por esa razón, has hecho el esfuerzo de entender y practicar con todas las tareas de este libro. El conocimiento y la experiencia es algo muchísimo más valioso que una estrategia. Como dice el famoso proverbio chino: "Regala un pescado a un hombre y le darás alimento para un día, enséñale a pescar y lo alimentarás para el resto de su vida".

Has llegado al final de esta guía. ¡Enhorabuena! Pero este solo es el final del primer paso en tu camino para aprender a invertir en criptomonedas. Ahora debes poner en práctica tus conocimientos, ser constante y estricto, tomar notas, y sobretodo, controlar tus emociones en los momentos clave. Con lo que ahora sabes, y solo con un poco de constancia y disciplina, estoy seguro que conseguirás controlar tu cerebro reptiliano, conseguir beneficios increíbles, y lo que es más importante, conocerte a ti mismo un poco mejor.

Acerca del Autor

Desde muy pequeño, Miquel Vidal siempre ha tenido la obsesión de entender el funcionamiento de las cosas, cuanto más complejas, mejor. Ahora, con una carrera profesional de fondo tecnológico y de enseñanza, Miquel Vidal es un apasionado de dos campos muy distintos entre sí: la economía y el conocimiento del funcionamiento del cuerpo humano. Su pasión por la economía despertó justo después de verse obligado a emigrar de España a causa de la crisis financiera del 2008. La necesidad de entender lo ocurrido fue lo que le empujó a investigar y estudiar este complejo mundo de la economía, pero esa crisis también le llevó a vivir en distintos países, tan dispares como Irlanda, Estados Unidos, o Colombia, y a trabajar para una empresa de Silicon Valley. Su pasión por entender el funcionamiento del cuerpo humano es mucho más antigua y ha sido siempre empujada por sus ganas de vivir, no solo más, sino también mejor. Es evidente que estos dos campos, de increíble importancia para todo el mundo, son, la mayoría de las veces, dejados a parte por la enseñanza básica dentro de la sociedad actual. Debido a esto, su objetivo es ahora transmitir de una forma práctica, sencilla, y aplicable, sus conocimientos y experiencias adquiridas en estos campos, para mejorar la vida y el bienestar del mayor número de personas posible.

www.ingramcontent.com/pod-product-compliance
Lightning Source LLC
Chambersburg PA
CBHW071415210526
45465CB00001B/398